RECHERCHES

HISTORIQUES

SUR

LES MOULINS

DE DIGNE.

RECHERCHES

HISTORIQUES

SUR

LES MOULINS

DE DIGNE,

Par FIRMIN GUICHARD.

DIGNE,

Mme Ve A. GUICHARD, IMPRIMEUR,

Place de l'Évêché, 7.

—

1848.

1851

RECHERCHES

HISTORIQUES

SUR

LES MOULINS

DE DIGNE.

—

La grande question de la bannalité du moulin, qui excite les réclamations de toute la population ouvrière et agricole, préoccupe si vivement les esprits, que nous n'avons pu résister à la pensée d'écrire l'histoire des moulins de Digne, car la ville, qui n'en possède plus qu'un aujourd'hui, en possédait quatre, et cette possession s'est continuée jusqu'en 1720.

En 1720, la ville vendit ses moulins pour payer ses créanciers ; mais elle n'en vendit que trois, parce qne le moulin du Portal de Gaubert ne pouvait plus recevoir une quantité suffisante d'eau pour faire tourner ses meules.

Ces moulins furent mis aux enchères en **1720**. La première enchère, annoncée pour le 9 jan-

vier 1720, n'eut lieu que le 15 de ce mois, et
la dernière enchère, le 6 juin 1720. L'hôpital
St.-Jacques en fut déclaré adjudicataire,
moyennant le prix et somme de 154,000 livres,
mais sous la condition que la communauté de
Digne serait portionnaire de la moitié. L'acte de
vente du 1er juin 1720, notaire Bucelle, con-
sacra les engagements pris entre l'hôpital St.-
Jacques et la communauté, qui devaient posséder les moulins par moitié, contribuer à la
moitié des dépenses et percevoir la moitié des
revenus.

Le moulin établi sur le Pré-de-Foire, cette
antique bâtisse qui se trouvait en tête du Cours-
des-Arêts, était le moulin de la cité : il était là
depuis la fondation de la ville, et remonte,
comme elle, à la plus haute antiquité.

Trois autres moulins existaient :

L'un, appelé le Moulin des Monges, situé à
l'extrémité du Pré-de-Foire, en deçà du Mar-
daric, était contigu au jardin de l'Évêque, à
qui il appartenait depuis que le pouvoir féodal
des Évêques pesait sur la ville de Digne. Une
charte du grand cartulaire de l'abbaye de St.-
Victor nous fait connaître cette époque. En 1038
nous lisons ce qui suit : « Nous, Hugo, élevé
» par la grâce de Dieu, sur le saint-siége de
» l'évêché de Digne, et Guigo, notre père, sous
» la directe duquel mon évêché est constitué. »

Hugo, ainsi que son père, de la race des Goths, ne fut le seigneur de Digne qu'à la mort de son père. Mais il fut le premier Évêque, Seigneur de Digne, qui ensuite transmit à ses successeurs ce pouvoir exhorbitant qui fit naître dans notre bonne ville tant de luttes et de désordres.

Plus tard, il s'en établit deux autres, possédés par des Seigneurs, ayant des propriétés sur lesquelles ils avaient le droit féodal, la directe.

L'un, était situé dans la rue du Pied-de-Ville et devait occuper l'emplacement de la maison qui forme l'angle de la rue du Pied-de-Ville et de la rue de Provence. Nous avions adopté d'abord un autre emplacement, mais les ruines qui restent ne nous laissent aucun doute sur l'opinion que nous émettons aujourd'hui. Il était désigné sous le nom de Moulin du Portal de Gaubert et Moulin du Pied-de-Ville. Il était possédé par une ancienne et noble famille de la ville de Digne, la famille Hermitte.

L'autre, désigné sous le nom de Moulin du Rogaire, était situé sur l'emplacement des deux maisons qui appartenaient à M. de Foresta, et qui se trouvent à gauche, en descendant de la Préfecture vers les lices.

Ce moulin était également possédé par une noble famille, dont beaucoup de membres ont exercé à Digne une grande influence et qui avaient pris en Provence, une position qui les

avait rendus puissants auprès des Gouverneurs
Comtes de la Provence. C'était la famille Chaussegros.

La ville désirait depuis longtemps concentrer
entre ses mains la propriété de ces divers moulins. Elle y parvint vers le milieu du XVI siècle.

Le 25 mai 1545, l'Évêque de Digne, Chérubin Dorsière, lui donnait à nouveau bail et à
emphythéose perpétuelle, le moulin des Monges,
qui lui coûtait plus qu'il ne lui rendait. Il le céda
à la ville, moyennant une cense annuelle de 12
sols, avec la réserve, que pendant qu'il habi-
terait sa ville épiscopale, il aurait le droit d'y
faire moudre tous les blés nécessaires pour la
consommation des serviteurs qui étaient à son
service dans son palais épiscopal. Mais il avait
été convenu que lorsqu'il ne résiderait pas à
Digne, ses représentants et fondés de pouvoir
n'auraient le droit de faire moudre que douze
charges de blé.

Cet acte fut passé devant Me Bartel, notaire
à Digne, et comme ce titre intéresse notre ville,
nous le reproduisons.

Lan mil cinq cent quarante-cinq à la Nativité et
le vingt-septicsme jour de may, soit manifeste a
tous présents et advenir que par-devant et en sa
présence de moy Blaze Bartel, notaire et tabellion
royal a la ville et cité de Digne, Rev. P. en Dieu
Monseigneur Cherubin Dorsiere, Évesque dudit Di-

gne moderne, lequel a dict et declaire comme Seigneur direct, avoir un mollin au terroir de la presente cité de Digne, au lieu appelé : *a las Monges*, sive a *Saincte Catherine*, avec certains chasaulx y joignant confrontant avec le chemin public, avec le pré et le jardin dudit Seigneur Évesque, à lentour et avec ses aultres confronts plus vrays a la sallerie et revenus et comodité desquels il s'en est bien informé, et paru qu'il est de petite rante, et devenu a son dit Evesque et mense épiscopale dicelle, tant pour les reparations que journellement il fault faire que pour l'entretien de la prinse et beallage que la fault prandre sur la rivière de Bleaune que n'est pas de petit coust que des autres choses onereuses que journellement fault fere audit mollin, que le tout bien calculé se monte plus de despanses que ne vallent les profits et revenus dudit mollin, et attendu mesmes que ladicte communauté de Digne a trois mollins, auxquels la plus grande partie des gens de ladite ville y vont mouldre pour le profit et utilité dicelle et bien peu de gens vont mouldre audit mollin dudit sieur Evesque et par ainsi luy est de petit revenu comme dessus.

A ceste cause, le tout bien considéré, désirant faire la condition de ladicte mense épiscopale meilheure, et pour le profit et utilité d'icelle, que pour ladvenir sen pourra ensuivre, comme ung chascun est notoire, de son bon gré et franche vollonté par soy et les successeurs sieurs Évesques intrant canoniquement en icelui et sans préjudice toutefois de aulcuns tiers,

A donne et donne a nouvel bailh et en emphythéose perpétuel a ladicte communauté de Digne illec presents et stipulants au nom d'icelle, M° Hono-

rat du Rochas, escuyer, Seigneur d'Aiglun, et Pierre
Albert, consuls modernes dudit Digne, et moy notaire susdit et soubz signé aussi stipulant au nom de
toute la commune de Digne et de ceulx qu'il appartiendra pour le proffit des manants et habitants d'i-
celle assavoir est lesdits mollins et chasaulz ensemble
assis dessus designes et confrontés, lesquels leur
bailhe comme dessus a nouveau baih et en emphythéose perpétuel ensemble aussi le beallage accos-
tume de prendre l'eau pour ledit mollin et avoir, tenir, posseder, vendre, et aliéner, quand bon leur
semblera, sauf toutesfois la majeure directe, domaine et Seigneurie audit Seigneur Évesque, et aux
successeurs sieurs Evesques pour l'advenir canoniquement intrant audit Évesché, avec la cense et
service en rente annuelle et perpetuelle laquelle
leur a impose nouvellement sur ledit mollin et chasaulx, de dix huit florins, monnaye de Provence,
payables toutes les années audit sieur Évesque ou
aux successeurs sieurs Évesques intrant canoniquement comme dessus audit Évesché et mense episcopale a chasque feste de Nohel acomançant par la
première paye a la feste de Noel prochaine venant
en un an et puys toutes les aultres per in perpetuum
a chasque feste de Nohel dix huit florins pour ladite cense et service annuel sans aulcune contradiction avec les paches et retentions firmantes.

Et premierement est de pache que lesdits consuls
sive communaulte de Digne manants et habitants
d'icelle seront tenus perpetuellement et à leurs pro-
pres coustz et despans dentretenir ladicte prinse et
beallage bien et duement de sorte que ledit sieur
Évesque et les successeurs ayant cause puissent perpetuellement et quand ils voudront arroser sive

aigar les prés et jardins dudict sieur Évesque et aussi
que en faisant bastir et faire aulcuns ediffices audit
mollin et chasaulx que ladite communaulte ne peusse
faire aulcun passage par lesdits prés et jardins dudit
sieur Évesque ne aulcunes portes pour entrer et sour-
tir, ains entreront et sourtiront par le chemin public ainsi quest a present et aussi s'estoit quen
bastissant de dessus lesdits mollins et chasaulx ladicte communaulte y vouloit faire faire aulcunes fe-
nestres regardant sur lesdits prés et jardins que ne
pourroit ladicte communaulte les faire faire sans les
faire fermer de cledes de fer.

Item se debtient ledit sieur Évesque que lui et ses
successeurs sieurs Évesques pour l'advenir, pourra
faire mouldre audit mollin farine, cependant qu'il
fera sa résidence audit Digne, et en son absence
pourra faire mouldre douze charges de blé tant seulement sans en payer aulcune moulture toutes les
années et non plus.

Item est de pache que ladicte communaulte ne
puisse mettre ne imposer sur lesdites possessions et
proprietes dessus designees et confrontees aulcun
surceant, et pour ce prix et ou non de prix sive
pour lentrée dudit nouvel bailh dudit mollin et chasaulx ont promis payer audit sieur Évesque sieur
direct ung veau, lequel ledict sieur Évesque a con-
fesse avoir heu et reçu car duquel en a quitté et
quitte ladite communaulte de Digne et promet les
tenir quittes envers et contre tous et desquels mollin
et chasaulx dessus designes et confrontes ledit sieur
Évesque sieur direct s'en est desmis et devestu et
en a saisi et vestu ladicte communaulte de Digne em-
phytéote par le bailh et octroy des présentes en bail-
hant par icelles la vraye donation à nouvel bailh

icelle actuelle et corporelle, possession et jouissance,
pour doresnavant en jouir et user pleinement et pai-
siblement comme ung chascun fait de chose propre
et vrai héritage et dépendances que dessus avec qui
donation cession permission et transport des meil-
leures vaillanses presentes et advenir desdits mollins
et chasaulx dessus designes et confrontes sen consti-
tuant icelui Évesque sieur direct iceux mollins et
chasaulx dessus donnes a nouvel bailh et achapt tenir en nom de précaire par ladicte communaulte de
Digne emphythéote jusques à ce quelle soit entree en
la reelle actuelle et corporelle possession d'icelui
mollin et chasaulx et sans laffaire de justice, lequel
sieur Évesque a promis et promet estre tenu de toute
eviction presente et avenir et a soubs l'obligation de
tous et chascuns ses biens et dudict Evesché meubles
et immeubles, presents et advenir, et lesquels a
soubmis et obliges a la cour rigoureuse de la séné-
chaussee de Digne et a toutes autres cours de Provence de Forcalquier en forme deubve et a toutes
autres cours de Notre Seigneur.

Renonçant, etc.

Jurant, etc.

Et daultre part lesdits Me Honorat du Rochas, escuyer, Seigneur d'Aiglun, et Pierre Albert, Consuls
modernes audit Digne, et au nom de toute la communaulte d'icelle et suivant le pouvoir donne par
le conseil d'icelle et au nom de ladite communaulte
d'icelle, ayant le nouvel bailh et achapt pour agrea-
ble et acceptable de leur bon gré et franche vollonté
au nom que dessus ont promis et promettent audit
sieur Evesque sieur direct dudit Digne, et aux successeurs pour ladvenir et ayant cause canoniquement entrant audict Evesché, lesdits mollin et cha-

saulx dessus désignés et confrontes et donnes a nouvel bailh a ladite communaulté de Digne, emphy-
theote, bien et duement et a leur pouvoir melliorer
amparer et non dégarnir, et le service ci-dessus de-
signe et impose payer toutes les annees au terme dessus mentionne assavoir a la feste de Nohel audit
sieur ou aux fermiers dudict Evesche ou a aultre député, ni aussi icelui mollin et chasaulx mettre en
mains mortes ne prohiber de droit, et pour mieulx
le tout atteindre et accomplir tout ce que dessus,
lesdits Consuls au nom de toute la communaulté de
Digne ont soubmis et obligé les biens de ladite communaulté de Digne a ladite cour rigoureuse de la se-
nechaussée de Digne et a toutes autres cours de Provence et Forcalquier en forme due. Renonçant et
jurant. Et de quoi lesdictes parties *hinc inde* ont au
nom quelles interviennent et ont demande leur estre
faict un acte et instrument public, par moy notaire
et tabellion royal soussigné, lequel ne puisse dicter,
corriger et amender, et en icelui y adjouter ou diminuer : *facta tamen principalis substantia in ali-
quo non mutata sed semper in totum observata.*

Fait et publié à la maison Episcopale et à la chambre, par devers l'Ubac, sis au petit Hurrel, en présence de N. Jean de Barras, escuyer, Seigneur de
Mélan ; M⁰ Jehan Chaussegros, Cabiscol de Digne ;
Mʳᵉ Georges Revergros, Prévost, encores Jean Dona-
dey et Pierre Gaudemar, notaire dudit Digne, tesmoings à ce requis et appelés.

Signé : **BARTEL.**

Le 8 avril 1549, quatre ans après l'acquisition
du moulin des Monges, les Consuls de la ville

de Digne, acquéraient des frères Henri François
et Bernardin Hermitte, le moulin qu'ils possé-
daient hors la ville de Digne, au lieu dit Portal de Gaubert. Cet acte fut passé devant M^e
Pierre Isoard, notaire à Digne. Nous ne l'avons
pas retrouvé; mais nous reproduisons un acte
de reconnaissance qui le remplace complètement:

L'an mil cinq cent cinquante-trois et le quatriesme
jour du mois d'octobre, estantz Messieurs en la
chambre des comptes, assemblés pour les affaires
du Roi, a été exposé par Claude Codur, Consul et
Procureur de la communauté, manans et habitans
de la ville de Digne que la maison commune de ladite ville, dès le huitiesme jour d'avril 1549 dernier
passé auroit acquis par achapt de Me Henry François et Bernardin Hermitte frères, dudit Digne, un
mollin a bled et un estable joignant ensemble avec
leurs appartenances et dépendances, assis et citués
hors les murailles de ladicte ville de Digne, lieu dit
au Portal de Gaubert, confrontant au-dessus avec
linstance et maison desdits vendeurs despuis le premier soulier quest au-dessus plus prochain desdits
mollins en bas, et d'aultre coste avec le passage de
lestable desdits vendeurs entrant en la cour; et
d'austre coste avec le logis des trois Fanons, la Rue
Publique au milieu, avec que linstance ou soulait
estre le mollin a rusque, et daustre coste avec le sa-
lubert desdits vendeurs et avec la maison de Jacques
Aubert, bastier, et aultres confronts quels qu'ils
soient, comme appert de l'acte pris et ressu par
Me Pierre Isoard, notaire tabellion royal dudit Digne.
Et le sept du mois susdit, actes exhibes à mes dits

sieurs, requerant iceux au nom du Roy leur vouloir
donner investiture louer et approuver lesdites acquisitions attendu mesmement qu'ils ont paye le
droit de lods et vente desdictes acquisitions a Estienne Nadal et Jean Giraud, pour lors fermiers dudit
Seigneur des censives lods et ventes a luy appartenant audit Digne, et Jean Gaudin et Laugier Sau-
veur aussi fermiers des droits de l'Evesque dudit Digne, et à Monseigneur Melchior Martin sieur de
Puylobier, vicaire-général dudict Evesque, comme
ont fait apparoir par actes pris et ressus lun par
M⁰ Blaise Bartel, et l'autre par ledit Mathieu Pauloni,
notaires dudit Digne, et mesdits Seigneurs avec lesdits instruments d'achapt et quittances a eux exhi-
bees, ont au nom dudit Seigneur et suivant le pouvoir
de leurs charges et offices pour ladite moitié, loue et
approuve lesdites acquisitions desdits mollins faic-
tes par ladicte maison commune et investit ladicte
communauté par le touchement de main dudit Codur
Consul et Procureur susdit, comme de sa procuration
est appareu par acte pris et ressu par M⁰ Raimbaud
Honorat dudit Digne, sur l'an susdit et le vingt-un
du mois de septembre dernier, à la charge que ladicte communauté sera de 20 ans en 20 ans a commencer du 13ᵐᵉ jour d'avril 1549, qu'ils payeront
ledit lods et vente aux susdits, et a la fin de chascun
desdits vingt ans venir en ladicte chambre renou-
veler et prendre nouvelle investiture et payer le droit
de lods et rière lods pour la moitié concernant la
part du Roy, seulement montant à la somme de
163 fl. 10 1|2 gr. revenant à la moitié de ce que le
droit de lods et vente monterait pour toutes les deux
parties a raison du prix coutenus esdits instruments
d'acquisition, veut que ledit Seigneur ne doit pren-

dre que la moitié pour iceux mollins a ladicte charge.
Et non autrement avoir, tenir et posséder, vendre, remettre et aliener, et en faire par ladicte
communauté, comme de leur cause propre, sans le
droit du direct Seigneur Roy pour ladicte moitié, et
audit Seigneur Evesque, pour l'autre.

Et pareillement la censive annuelle et perpetuelle
desdits mollins en laquelle se trouveront estre charges et tenus et de ce faire a icelui Codur Consul et
Procureur susdit oblige suivant ladite procuration
tous les biens de ladite communaute et mesmesmant
lesdits mollins a toutes les cours du Roy constituees
audit Comte de Provence et illec incontinent a re-
cogneu tenir lesdits mollins sur lesdites directes a ladite censive qui se trouveront faire en iceux meliorer
augmenter et non diminuer et transferer en mains
mortes sur lesdites obligations et juremens en bonne
forme.

Fait a Aix en ladite chambre et au dernier bureau
dicelle en présence de M. Philipon Renaud, huissier, et Durant Albert, vice-huissier en ladicte
chambre, tesmoings a ce appelés.

Enfin, le 7 novembre 1551, deux ans après
l'acquisition du Moulin du Portal de Gaubert,
ils acquirent : 1° de Noble Clarette Mothete,
veuve de Joseph Chaussegros, agissant en qualité de tutrice de ses enfants mineurs, Honorat
et André Chaussegros; 2° de M⁰ Jehan Chaussegros, cabiscol de l'église cathédrale de Digne;
3° et de Bernardin Chaussegros, escuyer, seigneur de la Javie, tous fils, frères et héritiers

de feu Joseph Chaussegros; le moulin sis au lieu
dit du Portalet et nommé le Rougaire. Cet acte,
que nous reproduisons aussi, fut passé devant
Mᵉ Mathieu Paulon, notaire à Digne.

L'an 1551 et le 7 du mois de novembre à la Nati-
vite de N. S. sachent tous presents et advenir que
constitues et personnellement establis, en presence
et par-devant moy, notaire et tabellion royal soubz
signé et tesmoings soubz escripts et nommes, Mᵉ Jehan
Chaussegros, Cabiscol de l'Eglise Catedrale de Digne
et Bernardin Chaussegros, escuyer, Seigneur de la
Javie; et Noble Clarette Mothete, mere et tutrisse de
Messire Honorat et André Chaussegros, frères, fils
et héritiers de feu Joseph Chaussegros, lesquels tous
ensemble audit nom et qui de droit mieux se peult
faire de leurs bon gré, pure et franche voullonté,
ont vendu cedde, quicte, remys et transporte et par
tiltre de vendition ont bailhe a la communaulte uni-
versite, manans et habitants de la ville de Digne,
Pierre de Rouchas, escuyer, Seigneur de Gaubert;
Mᵉ Claude Gautier et Elzias de Lort, Consulz dudict
Digne; Honorat de Rouchas, escuyer, Seigneur
d'Aiglun, Louis Girard, escuyer, De Chanerilhes
et Pierre Guiramand, escuyer de Lagremuse et aultres de ladicte ville, illec presents et au nom de ladite ville et communaulte, stipulants, acceptants et
recepvants, assavoir tous et ung chascuns les fruyts
et usufruyts des mollins establis et chambre desdits Chaussegros, vendeurs, situés hors ladite ville
de Digne, lieu dit du Portallet, et ce pour le temps et
espace de quatre ans et quatre prinses et precessions
de fruits accommençant au present jour et a sem-

2

blable jour finissant, et ce, pour le prix et somme
sive rente de 400 florins, lequel est confronté et
confronte lesdits Chaussegros et ladite Clarette, audit nom, avoir heu et reellement ressu desdits Consuls devant la precession du present acte, dont sen
sont tenus et tiennent pour contents et bien payez et
en ont quictez et quictent lesdicts Consulz communaulte manans et habitans dudit Digne, avec promesse de ne leur en rien demander, renonçant a la
exception de non eu et ressu ladicte somme de quatre cents florins textuellement et expressement, promettant lesdictes parties avoir et tenir pour agrea-
ble ferme et valable, et ne venir au contraire, ains
le tout tenir, garder et accomplir, et ce, soubz
l'hypothèque et l'obligation des sieurs ledict Monseigneur Jehan Chaussegros, et ledict Bernardin
Chaussegros, personne et biens, et ladicte Mothete,
tous et chascun ses biens et les biens desdits mineurs,
de faire avoir et tenir ledit molin, chambre et estable durant le temps fixes et quatre prinses de fruits
aux cours des submissions et aultres temporelles de
Provence et a une chascune delles de Forcalquier en
forme dune renonciation a tous droitz et loix accep-
tees et a tous droitz et loix en faveur des femmes et au
droit disant la générale renonciation lespecialle
ne procede. Ainsi l'ont promis et jure non contre-
venir. Dont et de tout ce que dessus lesdits Consulz
tant en leur nom que de ladite communaulte en ont
demande a moy notaire soubz signe leur en estre
faict acte.

Lequel a este faict et passe a la cite de Digne, et
dans la maison de M. le Lieutenant, en présence de
Jehan Chastel et de Andre Giraud, du lieu de Gaubert, tesmoings a ce requis et appelés.

Et de moy Mathieu Pauloni, notaire et tabellion,
royal soubz signé.

Ces trois actes que nous venons de citer nous
font connaître de la manière la plus claire et la
plus explicite, l'état de nos anciens moulins, et fixe
d'une manière précise l'époque où la ville réunit
à son moulin tous les moulins de ses Seigneurs.

Dès que la ville de Digne se forma par l'ag-
glomération d'un nombre suffisant d'habitants,
un moulin dût s'élever, pour subvenir aux besoins des familles. Et ce fut celui du Pré-de-
Foire qui dût être construit le premier, car il a
toujours été le moulin de la commune.

Pendant toute la période historique qui s'é-
coula depuis l'établissement de ce moulin, jusqu'à la constitution de la bannalité, ce moulin
ne fut pas bannal; mais il n'en recevait pas
moins tous les grains et les blés qui se consom-
maient dans la commune.

Mais lorsque la féodalité eut envahi la Provence, comme elle avait envahi la France toute
entière, les Seigneurs établirent une concurrence au moulin de la commune. L'Évêque com-
mença, puis deux Seigneurs puissants suivirent
son exemple; et ces moulins restèrent entre les
mains de ces Seigneurs avides jusques vers le
milieu du XVIᵉ siècle, jusqu'en 1545.

Par une suite forcée de la puissance féodale,

les Seigneurs, qui créèrent des moulins et qui
avaient à la porte de la ville le moulin d'un des
Seigneurs de Courbons, et peu loin de celui-là
un autre moulin de l'un des Seigneurs des Sièyes,
qui pouvaient leur enlever la plus grande partie
de la mouture, rendirent leurs moulins bannaux,
et la ville dût faire comme eux, déclarer son
moulin bannal, pour anéantir la concurrence
des moulins qui se trouvaient si voisins du leur.

Mais ce ne fut pas alors pour le paiement des
dettes de la commune que cette bannalité fut
établie, car la commune n'avait point encore ces
dettes, que les troubles de la Provence, que les
dépenses nécessitées par la construction de forti-
fications destinées à préserver leur ville des invasions incessantes des bandes d'aventuriers qui par-
couraient la Provence, portant partout la guerre
et la dévastation, firent plus tard contracter.

Tous ces points résultent de faits précis et
certains constatés par les titres anciens.

En 1600, la communauté de Digne donna à bail
ses moulins bannaux à un habitant de la commune de Thoard, Philippe Feraud, moyennant
une cense annuelle de trente charges de blé,
pour nous servir des termes de l'acte (480 décalitres), acte reçu par Me Guilhard, notaire
à Digne, le 15 août de l'année 1600.

Cet acte ne reçut son exécution que jusqu'en
1644, en 1645 la communauté reprit ses moulins.

Cette vente avait donné lieu plus tard aux Procureurs du pays, d'intenter des poursuites contre la communauté de Digne, en paiement d'un droit de lods de 1,500 livres.

Les Consuls réclamèrent et firent entendre à l'Intendant de Provence, Lebret, que cet acte de vente n'avait pas reçu d'exécution et n'était qu'un acte de bail. Les représentants de l'autorité supérieure affirmèrent la vérité de cette assertion, et l'Intendant de Provence, sur l'avis favorable donné par les Procureurs du pays, déchargea la commune, du paiement de cette somme de 1,500 livres qu'on lui réclamait.

Nous reproduisons la requête des Consuls, relative à cet affaire, l'avis des Procureurs du pays, et l'ordonnance de l'Intendant de la Provence.

REQUÊTE A MONSEIGNEUR L'INTENDANT.

Supplient humblement les sieurs Consuls et communauté de la ville de Digne,

Remontrent que par exploit du 28 may dernier il leur a été fait commandement à la requête de MM. les Procureurs du pays, subrogés aux droits de S. M. pour le recouvrement des taxes du sixième denier, de payer 1,500 livres en qualité de possesseurs de trois moulins qui avaient été aliénés par la communauté à Philippe Feraud, du lieu de Thoard, par acte du 15 août 1600, notaire Guilhard, moyennant la cense annuelle de 30 charges blé.

Mais cette communauté a lieu d'attendre de notre

justice une décharge entière de cette demande, parce
qu'il y a apparence que cet acte de bail a été passé
sans aucun effet, puisque la communauté de Digne désampara ses moulins bannaux en 1640 ; et
que les ayant repris, ensuite du jugement de M. de
Champigni, Intendant en Provence du 10 décembre
1644, elle les a toujours possédés jusqu'en 1719,
qu'elle en aliéna la moitié en faveur de l'hôpital St.-
Jacques, de la même ville. Tout cela est justifié :
1° par le verbal d'option des créanciers de la communauté, du 16 février 1640 ; 2° par une copie
d'un rapport du 16 février 1640, sur l'estime des
moulins désemparés auxdits créanciers ; 3° et par
plusieurs actes d'arrantement ; 4° par une transaction
passée entre la communauté et les fermiers desdits
moulins, le 14 mai 1650 ; 5° par l'acte d'arrantement du 22 mars 1659, et enfin par le rapport des-
time des moulins bannaux de la ville de Digne, du
22 novembre 1719.

De sorte que la communauté ayant toujours possédé, nonobstant l'acte de bail de 1600, les moulins
aliénés, ou du moins étant propriétaire et tenancière
d'iceux, depuis 1644 jusques en 1720, qu'elle en
aliéna la moitié en faveur de l'hôpital, elle ne peut
en aucune manière estre affectée d'un droit de sixiesme denier, ayant pocede les moulins avant 1702,
qui est le terme que les déclarations du Roy mettent
à ces sortes de demandes, ce qui oblige les suppliants d'avoir recours à votre grandeur,

Aux fins qu'il vous plaise, Monseigneur, en vous
apparaisssant des pièces cy-devant énoncées, ordonner qu'ils seront décharges du droict du sixiesme
denier qui leur est demandé.

Et sera justice,   Signé : FAUDON.

DIRE DE L'ASSESSEUR DES PROCUREURS DU PAYS.

Le sieur Assesseur pour le pays qui a heu communication de la présente requête et des pièces y atta-
chées, dit, qu'attendu qu'il paraît par l'acte du 15
août 1600, notaire Gailhard de Digne, que les trois
moulins a bled et foulons à draps donnes à nouveau
bailh à Phillippe Feraud, par la communaute de
Digne, à la cense de 30 charges bled sont dénommés
le moulin du Pré-de-la-Foire qui renferme trois vo-
lants et ledit foulon, et que par le procès-verbal des
experts commis par M. de Champigny Intendant de
ce pays, pour l'estimation des domaines de ladicte
communaute du 16 février 1640, ledit moulin du
Pré-de-la-Foire fut estime et donné en paiement
conjointement avec ceux dits des Monges, du Rougaire et du Pied-de-Ville avec droit de bannalité aux
créanciers de ladicte communaute qui s'y colloquè-
rent, il faut nécessairement conclure que ledit mou-
in du Pré-de-la-Foire est revenu à la communaute
dans l'intervalle de 1600 à 1640.

Or, comme il paroît aussi par la transaction du 14
may 1650 ; par l'arret de la cour des comptes du 24
avril 1659, que ladite communauté, qui avait repris
les moulins sur lesdits créanciers, ensuite du jugement de M. de Champigny, du 10 décembre 1641,
a toujours continué d'en jouir jusques en 1719,
quelle en aliéna la moitié en faveur de l'hôpital St.-
Jacques de ladite ville, ainsy qu'il résulte par le
rapport du 22 novembre de ladite année ;

Il consent que les suppliants demeurent déchargés
de la taxe de 1,500 fr. portée par l'article 1400 du
Rôle laïque du 15 décembre 1705, contenant l'alié-
nation faite audit Feraud, à la charge de luy faire

signifier la présente requeste, response, et l'ordonnance qui sera rendue, en la personne du sieur
Julien, préposé au recouvrement dudit droit au département de Digne, et d'icelui payer, les frais légi-
times que peuvent lui être dus, dans la huictaine,
à peine de nullité.

Fait à Aix, le 11 mai 1730.

Signé : CAZERY Thomé, Procureur du pays.

ORDONNANCE DE Mgr. L'INTENDANT DE LA PROVENCE.

Veu la présante requeste et la response des sieurs
Procureurs du pays,

Nous, en conformité de la response des sieurs
Procureurs du pays.

Ordonnons que les suppliants demeureront des-
charges dun droit du sixiesme denier pour lequel
ils ont été compris en larticle 1400 du rôle laique du
15 décembre 1705, à la charge de faire signifier
dans la huitaine la présente ordonnance auxdits
sieurs Procureurs du pays, en la personne du sieur
Julien, leur prepose au recouvrement dudit droit
au département de Digne, et de payer les frais auxquels lesdits suppliants ont donne lieu autres que
ceux du premier commandement.

Fait à Aix, le 17 may 1733.

LEBRET.

Vers le commencement du XVIIe siècle, la
commune de Digne avait contracté des dettes
qui s'élevaient à la somme de 83,282 livres,
ainsi que cela résultait de l'arrêt du conseil
d'état du Roi, du 17 décembre 1718, pour la

vérification des dettes de la communauté de Digne, chef-lieu de viguerie.

La ville de Digne sentit alors la nécessité de vendre ses moulins pour payer ses créanciers.

Elle s'adressa, à la cour des comptes de Provence, et par un arrêt du 17 novembre 1639, sous la présidence de M. de Champigny, Conseiller du Roy en son conseil d'état, premier Maître des Requêtes ordinaires de son hôtel, Intendant Général de la Justice, police et finances de la Provence et de ses armées, nomma deux experts : Antoine Meynier, escuyer des Mées, et Pierre de Boulogne, escuyer de Seyne, pour faire l'estimation du domaine de Digne, et procéder ensuite à la vente des immeubles en dépendants avec collocation des créanciers de la commune.

Ces experts arrivèrent à Digne, le 16 février 1640, et commencèrent immédiatement les opérations pour lesquelles ils avaient été commis.

Nous reproduisons les parties les plus intéressantes de leur procès-verbal d'expertise.

Savoir faisons nous Michel Champorcin, advocat en la cour, Antoine Meynier, escuyer de la ville des Mées, et Pierre de Boloigne, escuyer de la ville de Seyne, expertz commis et depputez par Monseigneur de Champigny, conseilher du Roy en son conseilh d'estat, premier Mᵉ des requestes ordinaires de son hostel, Intendant de la justice, po-

lice et finances en la Provence et armées de Provence, afin destimer le domaine, biens, rentes et
revenus de la communauté de la ville de Digne, et
de suite au reglemant de ce que chascun habitant et
pocedant biens audict Digne et son terroir deura pour
raison des biens que y pocedent, déduction faicte de
ce que ledit domaine sera estime, companser ce que
chascun de ses habitants aura de prendre, suivant
le jugement dudit Seigneur Champigny du 17ᵉ novembre dernier et apprez coloquer ou donner les obs-
sions aux creanciers de ladicte communaute suyvant
lordre de leurs hypotheques et rangement sur ce
faict, et suyvant le commandement à nous faict à la
requeste d'Esperit Thoron de Gaudin, escuyer de
ladite ville de Digne, sindic des creantiers de la
dite ville, par Mᵉ Corriol, huissier en la cour de
parlement de ce pays, et Jacques Guichard, ser-
gent Royal dudit Seyne, du 3ᵉ et 11ᵉ febvrier present moys, sommes despartis dudict Aix, savoir :
monsdict Champorcin, le 4ᵉ avril 1640 ; nous dits
Meynier et Boloigne, desdits Mées et Seine, le 16
dudit moys, et arrives audit Digne ledit jour 16 fevrier et primes le logis ou pand pour anseigne li-
maige de la Sainte-Madeleine couchée, et ledit jour,
sur les quatre heures du soir donnes par assignation,
nous sommes portes dans la maison de Mons. M. Char-
les de Tabaret, sieur du Chafault, conseilher du
Roy, et lieutenant principal au siege de ladicte ville
de Digne, par-devant lequel, au requis et presence
dudit sieur Thoron, syndic, et de Jean Codur,
bourgeois, Consul moderne, et aultres apparants de
ladicte ville, aurions preste le serment requis.

Et dudict jour dans ledict logis, sont comparus
par-devant nous dits expertz ledit sieur Codur

adciste de plusieurs apparantz et depputez de ladicte ville, ensemble ledit sieur Toron sindic, lesquels sieurs Consulz et depputez nous ont requis acte
de leur présentation et deffault contre les créantiers
defailhants, pour le profit dicelui quil soit par nous
procede au faict de nôtre commission, ainsin que et
sera a faire par rezon, offrant nous remetre par tout
demain lestat et denombrement des biens et domaines de ladicte communaulté, sur lequel pied, nous
devons proceder a lextime diceluy.

De quoy ont requis acte.

CODUR, Consul, ainsin signé.

Et nous dits experts, veu notre commission à nous
remise par ledit sieur Toron, sindic, icelle reçue
avec l'honneur et la reverance qu'il appartient, les
exploits donnes a toutz les creantiers renges et des-
nommes au jugement dudit Seigneur de Champigny,
dudit jour 17e novembre dernier, avons donne deffault auxdits consuls contre lesditz creantiers sauf le
jour passe, lequel sera par nous passe oultre au faict
de nostre commission.

Et du landemain dix-septiesme dudict mois, par-
devant nous expertz dans ledict logis est comparu
ledit sieur Toron, sindic, qui nous a requis vouloir
ordonner que lesdicts Consuls ayent à nous remettre
lestat et desnombrement de leur domaine, rentes et
revenus de ladite communauté en la meme forme et
maniere en laquelle ils les pocedent, et en force
de quoy pour y pouvoir apporter les contreditz qui
seront nécessaires.

Signé : TORON de GAUDIN, Sindic.

Nous dicts expertz, concedant acte du requis dudict sieur Toron sindic, disons que lesdits sieurs Consuls et depputez remettront par-devant nous, par
tout le jour, lestat et le desnombrement de leur domaine, rentes et revenus, que ladicte communaulté
a accoustume prandre audict Digne, et en la mesme
forme et maniere en laquelle ilz le pocedent, et en
force de quoy par ce faict et ce veu par nous avec les
contreditz qui seront ou pourront estre apportes y
fere telle consideration qu'il appartiendra.

Et dudit jour sont compareus par-devant nous N.
Balthazard Roux sieur de Feyssal, Jean Codur,
bourgeois, et Jean Trichaud, escuyer, Consuls modernes, assistes de plusieurs apparants et depputes
de ladicte ville, qui nous ont remis lestat et des-
nombremant de leurs biens par eulx signes, duquel
a este expedie coppie audict sieur Toron, sindic,
ainsin quappert au pied dicelui, nous ayant à ces
fins donne comparant et requis acte de leur remission, ce que nous leur avons accorde au bas dudit
comparant et ordonne qu'il sera signifie audit sieur
Thoron sindic, de contredire ledit desnombrement
aultrement a faulte de ce fere qui sera par nous procede ainsi que de raison.

Signé : De ROUX, Consul; CODUR, Consul;
TRICHAUD, Consul.

Et du lendemain dix-huistiesme dudict mois de febvrier par-devant nous ditz expertz est compareu ledit sieur Toron sindic; lequel nous a donne compte
par lequel il nous remontre que le jour dier bon
matin il nous fit requisition que les consuls dudict
Digne heussent a remettre le desnombrement de
leur domayne pour estre procede a l'extimation dice-

lui, duquel denombrement ils bailherent coppie
sur les cinq heures du soir et lui feurent signiffies à
la chandele.

Nous ordonnasmes de contredire ledit estat de
desnombrement.

A quoy il respondit que lesdits Consuls doivent
remettre la procuration quils ont du conseilh de la
communaulté, de donner ledit desnombrement califfie comme il est, a quoy nont satisffait ny daigne satisffaire. Dailleurs pour contredire ledit desnombrement les qualites et sirconstances avec lesquelles les
consulz lont bailhe, il est necessaire assolument au
comparant pour l'interêt de la generalite des creantiers, que les comptes des trésoriers de ladite communauté rendus despuis vingt annees et plus loin si
besoin est, nous soient remis, sauf de les reprendre
et de les rebailher lorsquil echerra, afin que ledit
sindic puisse estre instruit et pleinement informe,
tant de la verite dudict estat que desnombrement,
que des conditions qualites sirconstances auxquelles
lesdits Consuls ont desjà declaire de le vouloir bailher
et pour former le prix certain des extimations que
nous debvons fere, nous requerant a cest effait quil
luy soit signifie de tout incontinent et sans dellay,
remettre rierc nous ladicte deliberation du conseil,
ensemble les comptes des administrations despuis
vingt annees a peine de respondre en leur propre
des despens de nostre subjour, offrant ce fait de
contredire une heure apprez soubz les protestations
de tout ce qu'il peult et doibt. Sur lequel comparant
aurions ordonne estre signiffie auxdits Consuls de
remettre rierc nous ladicte deliberation du conseilh,
ensemble les comptes des administrations despuis
vingt annees pour en estre faict exibition audit sieur

sindic pour y apporter les contredits quil treuvera
ben estre.

Signe : TORON de GAUDIN , Sindic.

Et dudit jour, par-devant nous ditz expertz sont
comparus lesdits sieurs Consulz adcistes de plusieurs
apparantz de la ville que satisffaisant a nostre susdicte ordonnance nous ont donne comparant portant remission :

1° De la délibération du conseil de ladicte ville du
5 fevrier present mois, signe Feraud , contenant le
pouvoir à eulx donne , soubz la coste A ;

2° L'acte de nouveau bailh au moulin appelé les
Monges faict par le Seigneur Évesque de Digne à la
communauté, du 27 juin 1545 ;

3° La transaction passée entre la communauté et
le Seigneur Évesque , le 3 mai 1617 ;

4° Le nouveau bailh faict par ladicte communauté en faveur d'André Barlatier, du 17 août 1595 ;

5° L'acte de désemparation du 1er avril 1632 ,
en 4 pièces cottées B;

6° Nouveau bailh du moulin faict par ladicte communauté à Baptiste Hermite du 19 avril 1578 ;

7° L'acte de désemparation dudit moulin fait à la
communauté du 7 janvier dernier ;
en 2 pièces cottées C ;

8° Arrantement du moulin du Pred-de-la-Foire
fait à Georges Rouit, le 14 janvier 1629 , cotté D ;

9° Arrantement du Molin du Pied-de-Ville , du 12
novembre 1632 , cotté E.

10° Arrantement du droit de fornaige a 2 s. pour
cestier fait par la communauté à André Boyer, du
10 avril 1632, cotté F.

11° Quatre arrantements de quatre fours des 9, 14, 24 janvier et 6 février année présente, cotté G;

12° Deux arrantements de grande rêve, l'un fait à J. B. Honorat en 1619, et l'autre à Louis Constantin, du 1er mars 1629, cotté H.

Plus les comptes rendus par les trezoriers de ladicte communaulté, cy-après desnommez, savoir :

1° Le compte rendu par Joseph Jacques, trezorier de ladicte communaulté de l'année 1620, contenant 234 feuillets;

2° Le compte rendu par Balthazard Geoffroy, trezorier de 1622, contenant 101 feuillets;

3° Le compte rendu par Louis Bain, trezorier de 1623, contenant 81 feuillets;

4° Le compte rendu par Robert Bernard, trezorier en 1624;

5° Autre compte rendu par Jean Rodes, trezorier en 1625;

6° Compte rendu par J. B. Jsoard, trezorier en 1626;

7° Compte rendu par André Meinier, trezorier en 1627;

8° Compte rendu par Jean Tomé, trezorier en 1628;

9° Compte de Pierre Tardivi, trezorier en 1629;

10° Compte d'André Boyer, trezorier en 1630;

11° Compte de Barthélemy Autard, trezorier en 1631;

12° Compte de Jean Trichaud, trezorier en 1632;

13° Compte d'André Gassend, trezorier en 1633;

14° Compte de Jean Hesmiol, trezorier en 1634;

15° Compte de Jean-François Leotard, trezorier en 1635.

16° Compte dudit Leotard, trezorier en 1636 ;

17° Compte de Pierre Baudoin, trezorier en 1637;

18° Compte de Guilheaume Belletrux, trezorier en 1608 ;

19° Compte de Gaspard Tomé, trezorier en 1621.

De laquelle remission lesdits sieurs Consuls et depputes nous ont requis acte par comparant a nous donne, sauf de les retirer apprez que les auront veux, par lesquels apparaîtra les changemants que les trezoriers ont faict des rentes et revenus appartenant à ladicte communaulté qui serviront tout aultant que les actes d'arrantement.

Et ont signé : De ROUX, Consul; CODUR, Consul; TRICHAUD, Consul ; ainsin signés.

Nous ditz expertz, conformément a l'ordonnance par nous rendue au bas dudit comparant, disons qu'il sera signifflé audit sieur Toron sindic, de comparoir par-devant nous pour voir les pièces cy-dessus remises pour y apporter les contreditz quil treuvera bon estre, et ce par tout demain, aultrement sera par nous passe oultre au fait de nostre commission, ainsin que de raison.

Du dix-neufviesme du mois de febvrier, jour de dimanche, apprès avoir vacqué au service divin, avons veu et visité les comptes et les quictes cy dessus enoncees apparaissant de la saicion des rentes et revenus de ladicte communauté, et des sommes payees sur les reparations necessaires, et des fruitz des molins et fours.

Et du lendemain 20 febvrier, sont comparus sur

troys creantiers de Marseille, que nous ont remis leurs tiltres, dont nous leur avons fait reçu.

Le même jour, peu après, le sieur Toron de Gaudin remit aux experts ses contredits, qu'il avait fait signifier au Consul Codur, contredits qui remplissent les feuillets 5, 6, 7, 8, 9, 10 et la moitié de la première page du 11e.

Le même jour, les Consuls se présentent devant les experts et leur remettent leurs contredits et l'état du domaine de la commune, les requérant de les consigner dans leur procès-verbal, comme ils l'ont fait pour le Syndic.

De quoi les experts leur concèdent acte.

ÉTAT DU DOMAINE DE LA COMMUNAUTÉ DE DIGNE.

Estat du domaine de la communaulté de Digne, que mettent et bailhent les Consuls de ladicte ville aux creantiers d'icelle, pour estre payes de ce que leur sera deub suivant lestime quen sera faite par les experts comis et depputez par M de Champigni.

1o MOULIN DES MONGES.

Premierement ladite communaulté a et pocede un mollin a bled, situe au terroir de ladite ville appelé le mollin des Monges, ou y a deux moulins travailhants, estants en fort bon estat avec leurs bastiments pour le logement du meunier, et une escuyerie et grange, une basse cour a couste, qui servait à battre la poudre, et une sueilhe a couste contre le bastiment, pour reposer les fumiers, lequel moulin prend ses eaux dans la rivière de Bleaune, estant le tout dans le terroir de la ville de Digne. Les eaux ne manquent jamais.

Desquelles eaux les propriétaires des prés, jardins, et chenevières et aultres se servent pour l'arrosage d'icelles, sans contribuer en aulcuns frais, ni despens, soit pour l'entretenement de la prise des eaux, ni pour les fosses lesquels les meuniers sont tenus de les tenir, et soubz ceste charge les désemparent.

Lequel moulin la communauté a heu à nouveau bail de Monseigneur l'Evesque de Digne, lui en font la cense annuelle de douze sols, oultre lesquels ledit Seigneur Évesque peult faire mouldre les bleds necessaires pour la maison, estant en résidence dans la ville, et lorsqu'il n'y réside pas, il n'y pourra faire mouldre la quantité de 12 charges tant seulement ainsi quest porté par la transaction du 27 mai 1645, reçue par Mᵉ Barth. Vincens, notaire à Digne, soubz lesquelles charges, celui qui sera colloqué sur ledit moulin, demeurera chargé et obligé. La communauté désempare ledit moulin et le bâtiment ci-dessus.

2° MOULIN DU PRÉ-DE-LA-FOIRE.

Plus ladite ville tient et pocede un aultre moulin en teste du Pré-de-la-Foire, où il y a trois moulins travailhants, tous en bon estat, et des bastimens servant pour l'habitation et le logement du meunier, ensemble une escuyerie et grange joignant, estant franc de cense, services, prenant leau a ladite rivière de Bléaune aux qualités ci-dessus.

3° MOULIN DU ROGAIRE.

Comme aussi, ladicte communaulte a, tient et pocede un autre moulin en ladite ville, appelé le Moulin du Rogaire, deux chambres pour le logement du meusnier et deux estables jouignant ou par deux moulins travailhants en tres bon estat, lesquels la communaulte avait donne à nouveau bailh; mais despuis par accord et convention entre elle et Baptiste Hermitte, emphyteote, passe par-devant Me Feraud, l'annee presente, ledit moulin a este desempare a ladicte communaulte, lequel elle bailhe franc de cense, service, prendront les eaux dans la riviere d'Aigues-Chaudes, à la charge que les propriétaires des pocessions ont le fosse dudit moulin passe et au tout se servaient desdictes eaux pour l'arrosage d'icelles à l'accoustumec sans y contribuer à aulcune despansse.

4° MOULIN DU PIED-DE-VILLE.

Plus la communaulte a, tient et pocede un aultre moulin dans ladicte ville, appelé le Moulin du Pied-de-ville, où y a deux moulins travailhants, en bon estat, avec un establc, prenant son eau dans ladicte rivière d'Aigues-Chaudes, dans le mesme fossé que celui du moulin du Rogaire, soús la mesme charge de l'arrosage des propriétés, franc de cense et service.

Tous lesquels quatre moulins ladicte communaulté bailhe et desempare pour estre pocedes par les creantiers que y seront colloques francs de tailhe, comme la communaute les avait pocedes.

A la charge que tous les particuliers, manants et habitants de ladicte ville et son terroir seront tenus et obliges de mouldre auxdits moulins tous leurs blés, grains et legumes necessaires pour leur nourriture, et qui seront convertis en pain pour l'usage desdits habitants.

Et pour le droit de moutture sera paye une cosse pour chasque cestier que revient à raison du vingt-quatrain, estant le cestier composé de vingt-quatre

cosses, fors ce qui regarde ledict Seigneur Évesque,
qui jouira de la franchise ci-dessus comme au moulin des Monges seulement.

Oultre lequel droit de moutture ladicte communaulte se réserve l'imposition de demy-cosse pour
cestier quelle prendra sur tous les bleds et grains
qui se mouldront esdits moulins et plus grande si
besoin est cellon la nécessité des charges de ladicte
communauté et pour subvenir au paiement d'icelles,
laquelle fera exiger par les fermiers, ainsin quelle
verra bon estre, pour esviter les abus qui en pourraient commettre au paiement desdits droits de moutture et imposition. La communauté pourra establir
un poidz à la part ou bon lui semblera le plus utile et
comode auxquels les bleds et grains reduitz en farine
seront peses et rendus aux maisons puis retirer ledit droit de moulture et imposition tout ainsin qu'en
est use et accoutume en plusieurs autres lieux de la
Provence.

Lesquels quatre moulins les creantiers que y seront colloques seront tenus de maintenir et entretenir en bon estat en sorte que les habitants de ladicte
ville puisse y mouldre leurs grains a tel de ceux que
bon lui semblera.

Et par cest effaict lesdits creantiers colloques seront tenus d'entretenir à leurs despens les fosses et
prise des eaux desdits quatre mollins en bon estat en
sorte qu'on seu puisse servir diceulx de tenir a chascun desdits mollins un meusnier sufizant et capable pour y mouldre lesdits grains sans delayer plus
de 24 heures la moulture diceulx et a faulte de ce
sera permis auxdits habitants daller mouldre leurs
grains ailheurs ou bon leur semblera.

Et a la charge aussi que la communauté ne pourra

point bastir ni construire aultres moulins en ladicte ville et son terroir.

Plus ladicte communaulte a et pocede en ladicte ville quatre fours pour y cuire le pain.

Un à la rue de la Traverse ou se fait estable et relarguier pour y loger le bois et sy peult construire une maison pour habitation du fornier.

Le second au mitan de ville ou il y a logement pour lhabitation du fornier et un estable et feniere un patègue ou relarguier en la tour y joignant.

Le troisieme au pied-de-ville ou y a lhabitation du fornier, estable, feniere et chambre.

Le quatrieme à la rue de lUbac, avec une belle maison et botigue, un estable et deux granges.

Tous lesquels quatre fours ladite communaulte bailhe et desampare francs de services et censes et de tailhes, comme elle les a pocedés.

Et pour le droit de fornage sera payé un sou pour chasque cestier de blé réduit en pain cuit et rassis, lequel cestier sera comprins, savoir : pour le pain blanc de 60 liv. et quant au pain mejan brun et bis de 72 liv. sans que ceux qui seront colloques sur lesdits fours, puissent prendre où exiger aulcuns aultres droits soubz quel pretexte et occasion que ce soit.

Lesquels quatre fours ceulx qui y seront colloqués seront tenus d'entretenir en bon estat et à chascun d'iceulx un fornier sufizant et capable pour y faire cuire le pain de tous ceulx de la ville quand ils en seront requis, et advenant que lesdits fours ne fassent bien cuire le pain seront tenus payer dommages intérêts qu'ils pourraient donner à occasion , dans lesquels les propriétaires des fours seront tenus et y pourront estre constraints.

Que tous les manants et habitants de ladicte ville seront tenus de cuire leurs pains dans lesdits fours et à tel diceux que bon leur semblera , et payer le fornage comme est dit cy-dessus , lors et excepte ceulx qui possedent des fours aux bastides qu'ils ont dans le terroir et qui pourront fere cuire leur pain pour leur usage seulement sans abus pour raison de ce qui se mange auxdites bastides tant seulement , francs du fornage , ainsi quils ont de tous temps accoustumé de faire.

Que ladicte communauté ne pourra faire aulcuns autres fours dans ladite ville.

Et pour le chauffage d'iceulx les propriétaires pourront prendre du bois a la terre gaste de Feston , commun bois et bois menut, sans derraciner ny desfricher ny couper aulcuns chaines gros ni petits , ni aultres gros arbres ny les esbrancher et sans que aulcuns autres puissent prendre ni se servir dudit bois que les propriétaires desdits fours pour le chauf-fage diceulx tant seulement.

Et ou par MM. les experts serait connu qu'en ladicte forest de Feston n'y heust sufizant du menu bois pour le chauffage desdits fours , a ce cas et non aultre , il sera prins ce qui manquera sur la terre gaste de la communaulté tant que besoin sera pour le chauffage desdits fours tant seulement, sans abus, et sans desraciner ainsin que les fermiers desdits fours ont cy-devant use et accoustumé de faire.

6° DROITS DE LODS,

Ladicte communaulté avait en engaigement du Roy

la moitié du droit de lods qu'il prend en ladicte ville
et en son terroir, moyennant la somme de 2,200 liv.
quelle a bailhes, et a despuys ladite communauté été
assignee pour remettre les tiltres quelle a, dudit engaigement rière le greffe de l'intendance de la justice
police et finances de ce pays de Provence pour re-
cepvoir son remboursement, lesdits sieurs Consuls
ont remis riere ledit greffe le 14 de ce mois de febvrier
comme appert du certifficat quils en ont rapporte
nayant peu faire proceder a la verification d'iceulx et
pardevant Monseigneur de Champigni que les a ren-
voyes jusqu'à la mi-carême. Cependant ayant le sieur
Gailhard, trésorier du pays, heu notice que la communauté doibt rapporter ledict remboursement et
luy estant deub par ladicte communauté de grandes
sommes pour les deniers du pays, il a fait arrester
les dictes sommes entre les mains de M. Chaix audi-
teur en la Cour des Comptes, qui a fait parti avec
le Roy, de quoi par consequent ne bailhent sommes
estant arrestees par un debte privilegie sauf aux dicts
creantiers si bon leur semble, de débattre la préfe-
rence avec ledit sieur Gailhard.

7º FORÊT DE FESTON ET SA BASTIDE.

Quant à la Bastide, terres cultes et incultes de la
forest de Feston, lesdicts sieurs Consuls dizent qua
este donnee à la communauté par les Comtes de Provence en l'année 1431, enregistree aux archifs de la
Cour des Comptes, aux registres des Fleurs, avec
ceste charge et condition que ladicte communaulte
ne pourra l'aliéner pour quelle cause que ce soit, et
venant a l'aliener elle sera retenue au domaine du
Roy, quest cause que la communaulte ne peut bailher

les dits biens aux dits creantiers, sans une déclaration expresse de S. M. portant permission d'aliéner les dits biens.

8o PENSION DU ROI.

Le Roy fait annuellement à la communauté une pension de 42 liv. 10 s. pour le capital de 352 écus 1|2 revenant 4 p. 0|0 tous les ans dont la dite communauté jouit, laquelle somme principale ladite pension ladite communauté la bailhe par estat de son domaine pour y estre les dits créanciers payés.

9o CLOAQUE AU PRÉ DE LA FOIRE.

La communauté possède encore une cloique au Pré de la Foire joignant et entre la murailhe du moulin du Pré de la Foire, et murailhe du Pré de la dame d'Espinouse, en tant qu'elle contient la murailhe dudit moulin qu'elle bailhe auxdits créantiers, franc de cense, services et tailles.

En procédant a la dicte extimation lesdits sieurs experts sont pries de faire considération qu'en ladicte ville il y a siége de justice, Evesque et Chapitre, marché tous les samedis, foires, une de trois en trois mois, et donne un grand abord dans ladicte ville, et oultre ce elle est ville d'un grand passage, et commerce, et notamment pour le passage des foires que se tiennent à Briansson, Manosque, Barjolx, Brignolles, Saint-Maximin et Aix, et aultres villes de la Provence et du Daulphine, ce qui fait valoir davantage les moulins et les fours, et aultant en est des biens qui sont au terroir de ladite ville.

Comme aussi esgard auront s'il leur plaît, que

depuis la maladie contagieuse arrivee en ceste ville, elle se peuple tous les jours de nouveaux habitants, par moyen desquels le revenu desdits fours et moulins en sera beaucoup augmenté.

Signés : de ROUX , Consul ; CODUR , Consul ;
TRICHAUD , Consul , et FERAUD, greffier.

Après ce dénombrement fait par les Consuls , qui remplit la 2e page du feuillet 11 et les feuillets 12, 13, 14, et leur réplique aux contredits du Syndic , qui remplissent le tiers de la 2e page du feuillet 15 et les feuillets 16 , 17 et 18 , les dits Consuls requièrent les experts de les communiquer au Syndic des créanciers.

Le 21 février, le Syndic présente de nouveaux contredits, auxquels répondent le même jour les Consuls.

Enfin, toutes les contestations étant terminées, le 21, dans l'après-midi, les experts commencent la visite des domaines de la communauté, et visitent d'abord le moulin des Monges ;

Le 22. Moulin du Pré de la Foire ;
Moulin du Pied-de-Ville ;
Moulin du Rougaire ;
Le 23. Le four de la Traverse ;
Four du Mitan ;
Four du Pied-de-Ville ;
Four de l'Hubac ;
Le 24. Forest de Feston et terre gaste ;
Vallon de Richelme.

Et advenant le 26 du mesme mois de febvrier jour et feste saint Mathieu , et dimanche, après avoir vacqué au service divin , et du lendemain 27 dudit mois, avons procede a l'estime dudit domaine a la forme suyvante :

Et premièrement avons estime lesdits quatre moulins avec leurs bâtiments pouvoir de bastir danz toute lestendue et tennement diceulx , facultes des eaux, comme banaulx , les habitants obliges dy faire

mouldre leurs blés grains et légumes à raison dune
cosse pour cestier qui revient a la 24ᵉ pour cestier
compose de 24 cosses, francs de toutes charges à
perpétuaité, tout ainsin que la communaulté les a
pocedes et pocede du present, et ce suyvant l'arrest
du conseil du 26 mars 1639, sans qu'ils puissent
estre a jamais encadastres, ni la communaute et
particuliers faculte den construire daultres tant dans
la ville que dans son terroir, heu esgard que lesdits
moulins relevent de la directe du Roy, Seigneur
Evesque de ceste ville, et que le moulin des Monges
est charge dune rente annuelle et perpétuelle de
12 sols, audit Seigneur Evesque sa mouture franche
residant dans la ville, et en cas d'absence faculte dy
faire mouldre douze charges ble toutes les annees.

Savoir :

1° Le moulin appelé des Monges, sur ladicte
charge et censive, à la somme de..... 11,907 liv.

Signés : Champorcin, Meynier, de Bologne.

2° Celui du Pré de la Foire avec la
cloique joignant icelui, avec faculté dy
bastir, à la somme de.............. 18,630 »

Signés : Champorcin, Meynier, de Bologne.

3° Celui du Rogaire, à la somme de. 11,400 »

Signés : Champorcin, Meynier, de Bologne.

4° Celui du Pied-de-Ville, à la somme
de................................ 9,193 »

Revenant le prix des dits moulins et
cloique à la somme de.............. 51,180 »

5° Le four de la Traverse, à la somme
de.................................. 8,700 »

Signés : Champorcin, Meynier, de Bologne.

6° Le four du Mitan, à la somme de.. 8,400 »

Signés : Champorcin, Meynier, de Bologne.

7° Le four du Pied-de-Ville, à la
somme de. .... 8,600 »

Signés : Champorcin, Meynier, de Bologne.

8° Le four de l'Hubac, à la somme de. 8,504 »

Signés : Champorcin, Meynier, de Bologne.

Revenant le prix desdits 4 fours, à la
somme de. .... 34,284 »

Des moulins s'élevant à. 51,180 »
Plus la pension de 42 l. 10 s. deubs
à la communauté par S. M., liquidée à   850 »

Total........ 86,314 »

CRÉANCIERS DE LA COMMUNAUTÉ.

	l.	s.	d.
1° Hoirs de Nicolas Tuffet..........	1,635	15	9
2° Blaise Francoul, marchand.....	2,247	11	»
3° D^lle Marg.^e Chabaud, de Mieulle.	657	17	»
4° Isabeau Savornin.............	310	16	»
5° Blaise Francoul.	923	16	»
6° Me Honoré Amoureux, procureur.	1,611	18	3
7° François Jacques, bourgeois....	1,914	13	»
8° Me Jean Daudet, proc.........	1.506	5	»
9° Me Esperit Beraud, notaire......	6,927	14	».

10° Joseph Cbaillan, seigneur de Lam-
    bruisse. . . . . 1,798 12 »
11° Honoré Chaillan, escuyer. . . . . . 5,743 » »
12° Esperit Toron de Gaudin. . . . . . . 903 15 »
13° Jean Chaussegros, Seigneur de la
    Tour. . . . . 2,410 » »
14° Mᵉ Honoré Tuffet. . . . . 602 10 »
15° Dˡˡᵉ Ysabeau de Faucon dame d'Es-
    pinouse. . . . . 6,000 » »
16° Les hoirs de P. Colomp. . . . . 5,926 6 »
17° Les boirs Marc-Antoine Burle. . . . 4,584 » »
18° Mᵉ Jean Gaiche, advocat. . . . . . . 501 18 »
19° Dˡˡᵉ Catherine d'Agut. . . . . 1,749 15 »
20° Dˡˡᵉ Desiree de Cannet. . . . . 4,862 14 »
21° Pierre Gassend, Prevost. . . . . 152 » »
22° Fr. Jacques. . . . . 900 » »
23° Claude de Torniaire. . . . . 602 10 »
24° Dˡˡᵉ Hon. Rascas. . . . . 1,883 15 »
25° Fr. Rascas. . . . . 1,205 » »
26° Esprit de Toron. . . . . 301 5 »
27° Marc-Ant. Gassendi. . . . . 341 18 »
28° F. Rascas. . . . . 602 10 »
29° J. L. Dejanon. . . . . 1,807 10 »
30° Les hoirs d'André Dutheil. . . . . . . 323 2 »
31° Les hoirs de M. Paul. . . . . 9,196 16 »
32° Mᵉ J. Daudet. . . . . 1,205 » »
33° Mᵉ Pierre Denoize. . . . . 301 5 »
34° Les hoirs de Bernardin Hesmivi. . 2,839 4 »
35° Cap. de Gaudemar. . . . . 676 1 »
36° Esprit de Toron. . . . . 1,611 13 »
37° Mᵉ El. d'Oraison. 967 0 9
38° Ant. Taxil. . . . . 301 5 »
39° J. B. Charambon. . . . . 157 15 »
40° Hoirs de J. Hesmiol. . . . . 249 8 »

41° Jean Tomé.	1,587	15	»	
42° L. Thoron	1,205	»	»	
43° Dlle M. Aubert	434	11	»	
44. B. Esmivy	900	»	»	
45. Bl. Francoul	300	»	»	
46° Ant. Rascas.	1,267	13	»	
47° J. Daudet.	602	10	»	
48° Ant. Rascas.	600	»	»	
49° Dlle M. Aubert.	216	2	»	
50° Ant. Rascas.	1,200	»	»	
51° Jean Daudet.	521	1	»	
52° Me Vincens Arnoux	1,300	»	»	
53° Cap. Sc. Gaudemard	231	»	8	
54° M. H. Amoureux	430	10	»	
55° Me Jean Daudet.	421	15	»	
Total	89,682	9	11	

MM. les Administrateurs de l'hospice ayant eu l'obligeance de nous communiquer le registre de leurs délibérations, nous y avons trouvé des délibérations qui font connaître toutes les circonstances des enchères qui ont eu lieu pour la vente des moulins de la communauté de Digne. La fixation de ces enchères avait été annoncée par affiches et à son de trompe pour le 9 janvier 1720. La dernière enchère n'eut lieu que le 6 mai de la même année.

Nous reproduisons ici les délibérations du bureau de l'hospice.

Délibération du 21 *décembre* 1719.

Du 21 décembre 1719, à Digne dans l'hôpital St.-Jacques et la salle des bureaux, président illustrissime et reverendissime M. Henri Puget seigneur Évêque dudit Digne, Baron de Lauzière, conseiller du roy en ses conseils, par-devant Me Antoine Dhesmivy, seigneur d'Auribeau, conseiller et avocat du roy au siége et ressort de ladite ville, le bureau a été convoqué et assemblé de la manière accoutumée auquel ont été présents Me Joseph Meynier, avocat en la cour en absence de Messieurs les gens du Roy; sieur Jean Roustan, marchand gantier, consul moderne ; sieur Hugues, marchand, consul vieux ; noble Jean-François de Roux, escuyer, seigneur de Feissal ; Mrs Noé Meyranes et Esprit Rochebrune, avocats en la cour ; sieur Louis Aubert, receveur de la viguerie, recteurs modernes dudit hôpital ; et sieur André Hugues, marchand, exacteur des rentes et revenus du même hôpital, écrivant Jean-Baptiste Chaspoul, greffier audit siége.

Auquel bureau, après avoir dit l'hymne du St.-Esprit, a été représenté par lesdits Recteurs que suivant les délibérations des précédents bureaux n'ayant pas peu placer l'argent que le trésorier de l'hôpital a en main, ny rapporter cession des créanciers de la communauté, ils ont, en conformité de la résolution des dits bureaux, pris un billet de la banque royale, de la somme de dix mille livres qui est au pouvoir dudit trésorier, et esviter, par ce moyen, une quatrième diminution sur les dites dix mille livres, et comme le sieur Pisson, agent de l'hôpital à Aix, leur a écrit qu'il avait environ six cents livres de l'argent de l'hôpital, qu'il avait retiré, et qu'il devait en retirer d'autre, il leur demande la permission de prendre des billets de banque, s'il trouve le moyen d'en avoir, jusques au concurrent des sommes qu'il a ou qu'il aura en main, et par la réponse qu'ils ont fait audit sieur Pisson ils lui marquent de retirer des billets de banque pour éviter les autres diminutions qui pourront arriver, et de leur faire savoir s'ils pourraient en avoir par-dessus les sommes qu'il a en main, attendu que le trésorier de l'hôpital a encore quelque argent qui ne porte aucun profit et qui est exposé aux diminutions qui arriveront, requérant, le bureau, d'approuver et ratifier tout ce que par eux a été fait.

Sur quoi ledit bureau a unanimement approuvé et ratifié tout ce que par les dits Recteurs a été fait, soit au sujet du billet de 1,000 livres de la banque royale qu'ils ont pris, que du pouvoir par eux donné au sieur Pisson de retirer d'autres billets de ladite banque, soit pour l'argent qu'il a rière luy dudit hôpital qu'encore pour celuy que le sieur Hugues, trésorier, peut avoir, promettant, ledit bureau, de les relever et garantir de tout en due forme.

Comme aussi les dits sieurs Recteurs ont représenté que sur la connaissance qu'ils ont eue suivant les affiches mises aux endroits accoutumés de cette ville que les sieurs Consuls font savoir que les moulins banaux de la communauté ont été estimés par le rapport fait par les experts commis par M. l'intendant ensuite de l'arrêt du conseil d'état du Roy, portant vérification des dettes de la communauté à la somme de quatre-vingt-trois mille deux cent quatre-vingts livres, sur le pied de laquelle estime ils doivent être mis à l'enchère, pour être délivrés à ceux qui en feront la condition meilleure par-dessus la susdite

estime, et le prix en provenant être employé à l'ac-
quittement des créanciers de la communauté, lesquels moulins, par le même rapport, doivent supporter l'encadastrement pour trente-quatre livres
dix onces cadastrales, et comme la première des dites
trois enchères doit être faite le neuviesme du mois
de janvier prochain, lesdits Recteurs en donnent
connaissance au présent bureau pour délibérer, et
si l'hôpital doit faire quelque offre aux dits moulins
par-dessus la susdite somme portée par le rapport
cy-dessus, attendu que le sieur Hugues, trésorier
dudit hôpital, a en main environ la somme de
15,000 livres, soit en argent ou billets de la banque
royale, dont la plus grande partie procèdent des
remboursements qui ont été faits des capitaux, et
que ledit hôpital est à la veille d'en retirer de plus
considérables, soit de la province, des cours souve-
raines, et des communautés, et qu'on ne trouve pas
d'ailleurs des moyens à placer l'argent que ledit
hôpital a ou pourra recevoir.

Sur quoi ledit bureau étant pleinement informé
de la difficulté qu'il y a de placer l'argent et des
risques qu'on court, a unanimement délibéré et
et donné pouvoir aux dits sieurs Recteurs de faire
offre lors de la première enchère des dits moulins, au
nom dudit hôpital, de la somme de 90,000 livres,
à-compte de laquelle lesdits sieurs Recteurs offriront
de payer à la décharge de ladite commune, aux
créanciers d'icelle, les sommes dont le remboursement en a été ordonné par l'arrêt de vérification des
dettes de la communauté et que quatre-vingt-dix
mille livres, les dits créanciers payés, ladite communauté demeurera, conjointement avec ledit hôpital, portionnaire des dits moulins, au prorata, et

contribuera par ce moyen à tous les frais et réparations au sol la livre, leur donnant pouvoir d'obliger pour ce sujet les biens, rentes et revenus dudit hôpital, promettant d'avoir à gré tout ce que par eux sera fait et de les relever en forme.

Délibération du 10 janvier 1710.

Snr quoy ledit bureau, par pluralité de voix, a délibéré et donné pouvoir aux dits sieurs Recteurs de faire procuration au sieur Pisson, résidant en la ville d'Aix, et lui donner pouvoir de faire offre à la première enchère qui se fera audit Aix, le 15 du courant, par-devant le sieur d'Ayglun, des moulins bannaux de la communauté de cette ville, de la somme de 90,000 livres, et à-compte d'icelle offrir de payer les sommes dues aux créanciers de ladite communauté et à eux alloués par l'arrêt du conseil d'état du Roy portant vérification des dettes de la communauté, demeurant, icelle communauté, portionnaire des dits moulins pour le surplus de la somme, à quoy l'excédant de l'offre des dites 90,000 livres surpassera la créance des dits créanciers, le tout en conformité de ladite précédente délibération, ayant aussi, ledit bureau, délibéré d'associer la maison de la charité à la susdite offre et à la délivrance, si elle est ensuite faite au dit hôpital sur le pied de ladite offre, et ce pour un tiers, laquelle maison de la charité contribuera par ce moyen au tiers de toutes les réparations et charges des dits moulins et jouira du bénéfice de la rente au sol la livre.

Délibération du 26 février 1720.

- Auquel bureau après avoir dit l'hymne du Saint-

Esprit a été représenté par lesdits S⁰ Recteurs que suivant le pouvoir à eux donné par le bureau du dix janvier dernier et autres précédents ils ont fait faire offre par leur procureur conjointement avec les sieurs Recteurs de la maison de la charité lors de la première enchère qui fut faite le 15 du mois de janvier dernier dans la ville d'Aix pardevant M. Laugier subdélégué de M. l'Intendant pour la vente des moulins bannaux de cette ville de Digne, de la somme de 90,000 livres, après laquelle première enchère il a été procédé à la deuxième le 15 du présent mois de février sans qu'il y ait eu aucune suroffre, et d'autant que la troisième et dernière enchère qui doit être suivie de la délivrance doit être faite en ladite ville d'Aix le 15 du mois de mars prochain, et que lors d'icelle il pourrait y avoir des suroffres à celle faite par ledit hopital conjointement avec ladite charité, il serait nécessaire de députer tel des sieurs Recteurs que le bureau trouvera a propos pour se porter en la ville d'Aix et partir de cette ville le 12 du mois de mars, et poursuivre la délivrance desdits moulins sur le pied de ladite offre de 90,000 livres, et au cas qu'il y ait des surenchérisseurs de leur donner pouvoir de couvrir leurs offres et porter lesdits moulins à la somme que le bureau trouvera bon, et qu'à cet effet lesdits sieurs Recteurs payeront procuration a celuy qui sera depute aux fins requises et nécessaires.

Sur quoy ledit bureau a député ledit Maître Esprit Rochebrune un desdits sieurs Recteurs dudit hopital de se porter en la ville d'Aix pour assister à la troisième et dernière enchère qui se faira des moulins bannaux de la communauté de cette dite ville et en requérir la délivrance a défaut de surenchéris-

seur sur le pied de l'offre par eux cy-devant faite
conjointement avec la charité de la somme de 90,000
livres en conformité des précédents bureaux, et au
cas que lors de la troisième et dernière enchère il y
ait des surenchérisseurs, ledit bureau donne pouvoir audit sieur Rochebrune deputé de couvrir les
suroffres qui pourraient être faites et augmenter celle
par cy-devant faite par ledit hopital et maison de la
charité jusques a la somme de cent vingt mille livres
et plus s'il le trouve a propos, et c'est toujours aux
mêmes conditions portées par l'offre faites lors de la
première enchère le 15 du mois de janvier dernier,
et néanmoins pour ne pas donner a connaître jusques a quelle somme ledit hopital et ladite maison de
charité veulent porter le prix desdits moulins, afin
que cela ne leur porte aucun préjudice, il a été délibéré que par la procuration qui sera faite par lesdits autres sieurs Recteurs ensuite que ledit bureau
leur en donne audit sieur Rochebrune deputé, il ne
sera point fait mention dans icelle jusques a quelle
somme il pourra porter par ses offres le prix desdits
moulins, et qu'au contraire il sera dit que le bureau
leur donne pouvoir de porter leurs offres et suren-
cherir lesdits moulins à une somme qu'il jugera à
propos, étant le bureau persuadé qu'il menagera
les intérêts dudit hopital, bien entendu néanmoins
que quoyque par ladite procuration il luy soit donné
un pouvoir ample et sans restriction il ne pourra
pourtant excéder par ses offres ladite somme cy-dessus fixée par le présent bureau, avec promesse d'a-
prouver et ratifier tout ce que par ledit sieur Rochebrune depute sera fait et gere et de relevement en
forme sous l'obligation de tous les biens, rentes et
revenus dudit hopital.

Délibération du 2 avril 1720.

Du second avril 1720 , à Digne dans l'hopital
Saint-Jacques et à la salle des bureaux , par-devant
Mes Pierre Guitton , Seigneur de Barras et Tourne-
fort , conseiller du Roy , lieutenant particulier , civil
au siége et ressort de ladite ville , ce bureau a été
convoqué et assemblé à la manière accoutumée, auquel ont été présents noble Antoine d'Hesmivy conseiller et avocat du Roy audit siège , Me Gaspard Rochebrune avocat en la cour, Me Antoine Martin notaire
royal et procureur audit siège consuls modernes ,
M. Joseph Belletrux , conseiller du Roy , receveur
des décimes et Jean Roustan sieurs consuls vieux ,
noble Jean-François de Roux Seigneur de Feissal ,
Me Noë Meyranes et Esprit Rochebrune avocats et
sieur Louis Aubert Recteur dudit hopital , noble Joseph d'Hesmivy , sieur Jean-Louis Esmiol de Berre,
sieur Louis d'Hermite du Castellet , M. Joseph Jacques docteur en médecine , sieur Paul Castel bourgeois , Mes Jean Beaudun et Étienne Francoul notaires royaux et procureurs et sieur André Hugues
exacteur , arrivant Jean-Baptiste Chaspoul greffier
audit siège.

Auquel bureau, après avoir dit l'hymne du Saint-
Esprit a été représenté par lesdits sieurs Recteurs
que suivant le dernier bureau tenu le 26 du mois de
février dernier , ils ont fait procuration à Maître Esprit Rochebrune avocat en la cour un desdits sieurs
Recteurs , conjointement avec les sieurs Recteurs de
la maison de la charité de cette ville pour se porter
en la ville d'Aix et faire offre à la troisième et dernière enchere qui se faisait des moulins de la communauté pardevant Monsieur Laugier subdélégué

de M. l'Intendant de la somme de 90,000 livres, et
au cas qu'il y eut des surenchérisseurs de couvrir
leurs offres, surenchérir icelles, attendu l'interest
notable que l'hopital et ladite maison de charité ont
que lesdits moulins leur soient délivrés, ayant ledit
sieur Rochebrune fait le voyage et offert ladite somme de quatre vingt dix mille livres qui est supérieur
à l'estime portée par ce rapport d'estimation faite par
les experts, laquelle offre ayant été couverte, il aurait porté son offre jusques a la somme de 110,000
livres, s'étant ensuite retité attendu que la délivrance fut renvoyée par ordonnance dudit sieur
commissaire au 15 du présent mois, ayant du depuis
lesdits sieurs Recteurs été avertis que ladite offre de
110,000 livres faite par ledit hopital avait été couverte, et portée à cent onze mille livres, et par une
autre offre à cent dix-sept mille livres ayant ledit
sieur Rochebrune vacqué audit voyage dix jours,
et d'autant qu'il importe audit hopital et à ladite maison de la charité qui y entre et est portionnaire pour
un tiers jusques au concurrent de ce que ces deux
maisons payeront aux créanciers de ladite communauté, laquelle demeurera portionnaire pour le surplus dudit prix d'avoir l'adjudication et la délivrance
desdits moulins par les raisons qui sont connues au
bureau, il serait nécessaire de deputer telle personne
que le bureau trouvera à propos, pour assister à la
délivrance et adjudication qui sera faite desdits moulins au 15 du courant, et luy donner pouvoir de faire
telles offres qu'il trouvera bon pour obtenir l'adjudication et la délivrance d'iceux, et d'aprouver ce voyage
et dépense faite par ledit sieur Rochebrune pendant
dix jours à raison de quatre livres par jour a laquelle
dépense la maison de la charité entre pour un tiers.

Délibération du 24 *avril* 1720.

Auquel bureau a été proposé par lesdits sieurs
Recteurs que le 15 du courant, les enchères pour
la vente des moulins bannaux de la communauté de
cette ville ont été contenues en la ville d'Aix par
Laugier Commissaire délégué par Monseigneur l'Intendant civil de laquelle enchère M⁰ Esprit Rochebrune avocat en la cour depute par ledit hopital et
Messieurs les Recteurs de la maison de la charite a
fait offre de la somme de 150,000 livres, laquelle a
este couverte par celle qui a été faite par les créanciers de la communauté de cette ville qui en ont
offert 151000 livres et de suite M. De Varages Baron
d'Allemagne a couvert les offres et porté celle qu'il
a faite à la somme de 153,000 livres ayant le sieur
Rochebrune requis le sieur Commissaire de n'en
faire pas la délivrance et prolonger l'enchère au
tems qu'il trouverait à propos d'autant qu'il pourrait
paraitre aux surencherisseurs, ce qu'il a remise la
derniere enchère et delivrance au sixieme du mois
de mai prochain, de quoi les dits sieurs Recteurs en
donnent connoissance au bureau pour deliberer si
on fera des suroffres ce que les sieurs Recteurs de la
maison de la charité leur ont fait connaitre qu'ils ne
pourront pas continuer dans la société dans ledit
moulin avec ledit hopital attendu la situation presente des affaires de la dite maison de la charité.

Délibération du 28 *avril* 1720.

Auquel Bureau après avoir dit l'hymne du Saint-
Esprit a été representé par lesdits sieurs Recteurs
qu'au precedent bureau tenu le 25 du présent mois
d'avril ils donneront connoissance que M. Esprit Ro-

chebrune avocat l'un d'iceux ensuite du pouvoir a
luy donné par le Bureau s'étant porté à la ville d'Aix
pour couvrir à la derniere enchère les offres faites
aux moulins banneaux de cette ville tant par les
créanciers de ladite communauté, que par le sieur
De Varages Baron d'Allemagne qui est le dernier
enchérisseur ayant porté son offre jusques à cent
cinquante trois mille livres, et la délivrance desdits
moulins ayant été renvoyée par M. l'Intendant, au
six du mois de may prochain suivant le requis à lui
fait par le sieur Gaspard Rochebrune premier consul
de cette ville, lesdits sieurs Recteurs auroint requis
le Bureau de délibérer si on devait couvrir ladite
offre faite par le sieur Baron d'Allemagne et tacher
d'avoir l'adjudication desdits moulins, auxquels la
communauté demeurera portionnaire au prorata des
sommes qui excèderont celle que l'hopital payera
auxdits créanciers suivant les precedentes deliberations du bureau et offres en conséquence faites,
attendu que l'hopital a de billets de banque, procédant des remboursements des sommes capitales
qui luy ont été faites, et même que nos seigneurs
de la cour de parlement de cette province lui rem-
boursent aussi la somme de vingt-quatre mille livres
qu'ils doivent à l'hopital, ainsi qu'il fut represente
au precedent bureau qui delibera et donna pouvoir
auxdits sieurs Recteurs de faire procuration au sieur
Pisson residant à Aix agent dudit hopital de recevoir ladite somme et arrerages de pension qui peuvent être dûs en billets de banque, a quoy lesdits
sieurs Recteurs ont satisfait et envoyé par le précé-
dent ordinaire ladite procuration audit sieur Pisson
pour éviter le depôt de la consignation que les commissaires nommés par le parlement voulaient faire,

et au sujet des suffrages à celle faite tant par lesdits
créanciers que par ledit sieur De Varage, le bureau
trouva à propos d'en renvoyer la deliberation au
prochain bureau qui se tiendrait, le motif qui donna
lieu a ce renvoy a été que le feu sieur De Gassendy,
duquel l'hopital est héritier, auquel ladite somme de
24000 livres était due par deux divers contrats de
constitution à pension a destiné la somme de 25000
livres pour l'établissement d'un seminaire en cette
ville et declaré qu'il en serait employé douze mille
livres pour ce sujet de celle due par ledit parlement
et le restant serait pris de la somme dûe par le parlement de Grenoble, et d'autant que l'hopital en
retenant les moulins, la somme qui sera employée
pour ce sujet ne luy produira que l'interest a deux
pour cent tout au plus, et que par ce moyen il sera
d'obligation de payer un plus fort intérêt audit seminaire lorsqu'il sera établi, il serait a propos d'en
donner connaissance à Monseigneur l'Évêque et
savoir sa volonté en luy representant que ce n'est
que par nécessité que l'hopital tache d'avoir la delivrance des moulins pour n'être pas privé de tirer
quelque profit des billets de banque que son receveur a qui procèdent des remboursements qui luy
ont été faits et qu'il est en état de recevoir chaque
jour comme il sait par luy même suivant les prece-
dens Bureaux que ledit hopital est chargé comme
héritier dudit sieur De Gassendy de plusieurs pensions viagères très importantes que le revenu qui
restera audit hopital sera considérablement diminué
et a peine restera pour la nourriture et entretien
des pauvres et des charges courantes, et enfin que
l'hopital par les payements que le parlement luy
fait en billets de banque qui ne produisent aucun

profit a l'hopital, et suposé que l'hopital obtienne la
délivrance des moulins, et employant la somme de
12000 livres pour ce sujet, qui ne produira que
l'interest au deux pour cent tout au plus, de suplier
mondit seigneur l'Évêque lorsqu'il trouvera a propos d'établir ledit seminaire, de vouloir reduire
l'interest de la somme destinée pour ce sujet au
même interest et profit que lhopital en recevra,
ensuite de quoy lesdits sieurs Recteurs ont eu l'honneur de voir mondit seigneur l'Évêque et fait toutes
les remontrances cy dessus, lequel reconnaissant la
justice de leur demande il les a assuré que lorsqu'il
établira ledit seminaire, l'hopital ne payera l'interet
de la somme destinée pour ce sujet que sur le même
pied que l'hôpital le recevra par rapport a la rente
que les moulins luy produiront, au cas que l'adjudication luy en soit faite, et qu'il souscrira la deliberation qui sera prise au present bureau, et les
sieurs Recteurs requièrent de deliberer et sur la
députation de telle personne qu'il trouvera bon,
pour se porter en la ville d'Aix s'il le juge a propos
pour le bien et avantage dudit hopital pour assister
à la délivrance qui doit se faire desdits moulins, le
six du mois de may prochain, couvrir les offres qui
ont été faites, tant par les créanciers de la communauté que par le sieur Baron d'Allemagne et toutes
celles qui pourraient être faites par autres personnes, ne porter les offres au nom dudit hopital jusques a tant que la délivrance luy en soit faite, et
luy faire pour ce sujet procuration en demeurant
toutefois la communauté portionnaire pour l'excédant des sommes dues auxdits créanciers, le tout
conformément aux précédentes deliberations des Bureaux sur ce tenus.

Sur quoy le bureau après avoir murement exa-
miné et calculé les rentes et revenus dudit hopital
et les charges d'yceluy sur l'état des comptes rendus
par le Receveur des rentes dudit hopital, et luy
aparoissant des remboursements qui luy ont été faits
des sommes capitales a luy dues et qu'il est en état
d'en recevoir de plus grandes à la suite qu'il n'y a
pas lieu de placer tels remboursements pour porter
quelque profit audit hopital qui consommeroient peu
a peu toutes les sommes capitales, soit par les dépenses journalières qu'il faut faire pour la nourriture et entretien des pauvres, pour le payement
des gages des domestiques et pour le sieur prêtre
desservant ledit hopital, et encore pour le payement des pensions très considerables dont ledit feu
sieur De Gassendy a chargé ledit hopital et qu'il
n'y a que le seul et unique moyen de tacher d'avoir
les moulins bannaux de cette ville pour ne rendre
pas entièrement inutiles et infructueuses les sommes que l'hopital a reçües de ses débiteurs et qu'il
est en état de recevoir a deliberé et donné pouvoir
aux sieurs Recteurs de deputer comme le Bureau
depute M. Estienne Francoul notaire royal et procureur en ce siège pour se porter en la ville d'Aix,
assister à l'enchère de délivrance qui sera faite
desdits moulins le 6 du mois de may prochain par
M. Laugier commissaire délégué par M. l'intendant
pour couvrir les offres qui ont été faites auxdits
moulins, surenchérir icelles et porter les offres au
nom dudit hopital, jusques a telle somme qu'il trouvera a propos en demeurant la communauté de cette
ville portionnaire auxdits moulins pour l'excédant
des sommes qu'il faudra payer aux créanciers mentionnés en l'arrêt du conseil d'état portant vérifica-

tion des dettes de la communauté, et à ces fins le
bureau donne pouvoir auxdits sieurs Recteurs de
faire procuration audit Estienne Francoul pour faire
lesdites offres et obliger les biens, rentes et revenus dudit hopital, avec promesse de relevement en
forme.

Délibération du 1er juin 1720.

Du premier juin 1720, à Digne dans l'hopital
Saint-Jacques et à la salle des bureaux President
illustrissime et reverendissime Me Henri Puget seigneur Évêque dudit Digne, Baron de Lauzière, conseiller du Roy en ses conseils; pardevant Me André
Belletrux conseiller du Roy, lieutenant particulier
criminel et premier conseiller au siége et ressort de
ladite ville, le Bureau a été convoqué et assemblé à
la manière acoutumée, auquel ont été presens
Me Gaspard Rochebrune avocat en la cour, Me Antoine Martin notaire royal et procureur audit siége,
consuls modernes, Me Joseph Belletrux conseiller du
Roy Receveur des Decimes, consul vieux, Me Noé
Meyranes avocat en la cour et sieur Louis Aubert
receveur de la viguerie, Recteurs modernes dudit
hopital, écrivant Jean-Baptiste Chaspoul greffier
audit siége, Noble Antoine d'Hesmivy conseiller et
avocat du Roy.

Auquel Bureau, après avoir dit l'hymne du Saint-
Esprit a été representé par lesdits sieurs Recteurs
qu'en conformité des délibérations prises en divers
bureaux cy devant tenus par lesquels il a été donné
pouvoir de faire des offres, pour tacher d'avoir la
delivrance des moulins bannaux de la communauté
de cette ville, pour raison de quoy les enchères se
feront en la ville d'Aix de l'autorité de monsei-

gneur l'Intendant pardevant M. Laugier son subde-
legué, ledit hopital ayant en conséquence fait des
offres, et par icelles offert de payer les sommes
dues aux créanciers de la communauté dont les
créances ont été allouées par l'arrest du conseil
d'État, et que pour l'excedant la communauté
demeurerait portionnaire desdits moulins au prorata des sommes, en contribuant aux frais des
reparations qu'il conviendrait faire, paiement
des tailles et autres charges au même prorata des
sommes, ainsi qu'il est expliqué par tous les prece-
dens Bureaux sur ce tenus, il aurait été fait diverses
offres par ledit hopital qui ont été couvertes par les
créanciers de ladite communauté qui portèrent le
prix desdits moulins à la somme de 151,000 livres et
voulaient faire rayer et rejetter l'offre dudit hopital
pour le chef que la communauté demeurerait portionnaire pour l'excédant de la somme de l'estimation desdits moulins faite par les experts commis par
mondit seigneur l'Intendant, et comme cette offre
onfətp r taidiciable à la communauté, le sieur Rochebrune premier consul de cette ville qui était à
Aix pour l'interest de la communauté requit le rejet
d'icelle, ce qui fut fait par l'ordonnance rendue par
mondit sieur le commissaire délégué dudit seigneur
intendant qui ordonna conformément à l'offre faite
par l'hopital que ladite communauté demeurerait
portionnaire pour le surplus de la somme et renvoya
la continuation de l'enchere et delivrance au six du
mois de may dernier, pendant lequel intervalle
Monsieur Varage Baron d'Allemagne aurait suren-
chéri et couvert l'offre des créanciers qu'il porta à
la somme de 153,000 livres, de quoy les sieurs Recteurs ayant été avertis ils auroint convoqué le Bu-

reau de l'hopital le 28 du mois d'avril dernier, aux
quel ayant été donné connaissance de tout ce qu
s'était passé il fut délibéré et donné pouvoir de couvrir l'offre dudit sieur De Varage Baron d'Allemagne
par les raisons énoncées en ladite deliberation qui
sont conformes a celles couchées dans les precedentes, auxquelles monseigneur l'Evêque avait assisté,
n'ayant pu assister au dernier Bureau tenu ledit
jour 28 avril dernier a cause qu'il était incommodé,
lequel attendu que les précédentes offres dudit hopital avaient été reçues et par conséquent aprouvées
par mondit seigneur l'Intendant au moyen de l'ad-
mission d'icelles faites aux diverses enchères par-
devant M. Laugier son subdélégué, et ordonnance
par luy rendue, mondit seigneur l'Evêque fit connaitre qu'il était a propos de poursuivre la delivrance
desdits moulins au profit de l'hopital, et a ces fins
de deputer a Aix pour surenchérir et couvrir l'offre
dudit sieur d'Allemagne, ce que le Bureau fit et
delibera ledit jour 28 avril, ayant député Mᵉ Étienne
Francoul notaire royal et procureur au siége de cette
ville, auquel il fut donné pouvoir de se porter en la
ville d'Aix pour couvrir ladite offre et toutes celles
qui pourroint être faites par autres personnes, lequel
ensuite de la procuration a luy faite en conformité
de la délibération dudit Bureau s'etant porté à Aix
il couvrit l'offre de 153,000 livres faite par ledit sieur
De Varage, et porté celle dudit hopital a cent cinquante quatre mille livres; après quoy ledit sieur
De Varage ny aucun autre n'ayant point surencheri
auxdits moulins ils furent délivrés audit hopital par
ordonnance rendu par ledit sieur commissaire délégué par mondit seigneur l'intendant le 11 dudit mois
de may mise au bas dudit verbal d'enchères le tout

en conformité des précédentes offres que ledit hopital
avait fait, et sauf la huitaine, laquelle ordonnance
lesdits sieurs Consuls de cette ville firent publier le
quatorze du même mois et afficher aux lieux ordinaires pour faire courir le temps dudit delay de huitaine et en conséquence ayant fait deliberer par le
conseil de la communauté tenu le 26 dudit mois de
may qu'ils passeraient en faveur dudit hopital le
contrat de vente et de transport des moulins, et
pour éviter de confusion pour la liquidation soit de
la rente que la communauté et l'hopital devraient
retirer, et pour la retribution qui les concernerait
des reparations charges et tailles, que la délivrance
ayant été faite pour la somme de 154,000 livres à
l'hopital, la moitié de laquelle revient à 77,000 livres
qui est a peu près la somme qu'il faut rembourser
aux créanciers, que lesdits sieurs Consuls par le
contrat indiqueroient à l'hopital le payement de
ladite somme aux créanciers qui seroient dénommés
dans iceluy, et par ce moyen que les rentes annuel-
les desdits moulins et charges seroient acquittées également, et d'autant que l'hopital n'a pas presente-
ment l'entière somme pour acquitter celle cy dessus
de 77,000 livres les sieurs créanciers indiqués leur
ont donné parole que l'hopital en payant les créanciers de la communauté qui n'avoient pas voulu se
liquider ils recevraient le restant des sommes que
ledit hopital aurait en billets qu'ils imputeraient a
compte de ce qui leur est dû au sol la livre, et que
pour ce qui leur resteroit dû l'hopital leur en paye-
roit la pension a raison de deux pour cent, et qu'ils
seroient néanmoins obligés lorsque l'hopital recevra
d'autres remboursements de ses créanciers, ou qu'il
aura d'effets en main de recevoir les sommes qui

leur seront offertes, soit en argent, ou billets qu'ils repartiront parmi eux aussi au sol la livre, et comme la jouissance de la rente desdits moulins commence en faveur de l'hopital depuis le 23 dudit mois de may dernier pour sa part le concernant requièrent le bureau de deliberer sur le tout.

Sur quoy ledit Bureau a unanimement delibéré et donné pouvoir auxdits sieurs Recteurs d'assister au contrat et accepter le transport et vente qui sera faite par les sieurs Consuls de cette ville de la moitié des moulins bannaux de la communauté délivrés audit hopital par l'ordonnance du onze du mois de may dernier rendue par M. Laugier commissaire deputé par M. l'Intendant au bas des enchères sur ce faites, et de promettre au nom dudit hopital, de payer aux créanciers qui leur seront indiqués par lesdits sieurs Consuls la somme de soixante et dix sept mille livres offertes, et ce afin que ladite communauté et ledit hopital soient egalement portionnaires et que chacun entre pour la moitié des tailles, reparations et autres charges desdits moulins, et comme le receveur dudit hopital n'a pas en main toute ladite somme de soixante et dix sept mille livres ledit Bureau a aussi donné pouvoir auxdits sieurs Recteurs après que les créanciers non indiqués auront été payés des sommes a eux dues, de convenir avec les créanciers indiqués pour les sommes qui manqueront audit hopital pour faire celle de soixante et dix sept mille livres suivant les offres par eux faites auxdits sieurs Recteurs énoncées en la proposition cy dessus, promettant ledit Bureau d'approuver et ratifier tout ce que par lesdits sieurs Recteurs sera fait et géré et de les relever en bonne et due forme.

Lesdits sieurs Recteurs donnent connaissance au Bureau que le sieur Hugues Receveur de l'hopital, ou le sieur Pisson leur agent à Aix ont rière eux la somme de 45000 livres en billets de banque procedant de divers remboursements faits audit hopital tant par la cour des comptes du parlement et autres, sur laquelle il fait une perte de 900 livres par la diminution ordonnée par l'arrest du conseil du 21 dudit mois de may dernier.

Et plus n'a été délibéré fait et publié au lieu et présence que dessus, et ont signé :

HENRI Évêque de Digne, BELLETRUX, D'HES-MIVY, ROCHEBRUNE Consul, MARTIN Consul, BELLETRUX, FEISSAL, MEYRONNES, AU-BERT et CHASPOUL greffier.

Le résultat des enchères avait fixé le prix des moulins à 154,000 livres.

Les Consuls de la ville de Digne, ne voulant pas laisser l'hospice seul propriétaire des moulins, demandèrent aux Administrateurs de leur en concéder la moitié, demande à laquelle les Administrateurs de l'hospice acquiescèrent.

Conseil général du 26 mai 1720.

Auquel conseil a este represante par lesdicts sieurs Consuls de la bouche du sieur Rochebrun, que par le Conseil general du 24 avril dernier, icelluy sieur Rochebrun a encore este depute en la ville d'Aix pour assister aux dernieres encheres et delivrance des moulins bannaux de la communauté qui se faisoient pardevant M. Laugier, commissaire delegué

par Mgr. l'Intendant. Il a vacque audit voyage,
compris l'aller sejour et retour pendant treise jours
pour raison de quoy il lui a este fait mandat a raison de quatre livres par jour qui a passé au compte
rendu par le sieur Carles, tresorier de l'année dernière. Pendant le séjour qu'il a fait audit Aix, la
délivrance desdits moulins a été effectivement faite
à l'hôpital Saint-Jacques de cette ville, moyennant
la somme de 154,000 livres, comme plus offrant et
dernier enchérisseur, par ordonnance rendue par
ledit sieur Laugier, du 11 de ce mois, à la charge
qu'en conformité de la precedante ordonnance rendue par ledit sieur Laugier, du 17 avril dernier,
il ne demeurerait portionnaire desdits moulins que
jusqu'à concurrence des sommes que ladite communaute doit tant en principal qu'en intérêts, à ses
créanciers, suivant l'arrest du Conseil d'État du
17 décembre 1718 et que le contrat d'adjudication
n'en serait passe audit hôpital qu'après la huitaine
à compter du jour que ladite ordonnance de délivrance aurait este publiée en ceste ville, par laquelle
il est permis aux sieurs Recteurs dudit hôpital de
déposséder si bon leur semble les fermiers qui jouissent actuellement desdits moulins pour la portion
qui concerne ledit hopital sauf à icellui d'indemniser
ledit fermier. Laquelle ordonnance ils ont fait publier à son de trompe et cry public par la voix et
organe de Joseph Richard, trompette ordinaire, par
tous les lieux et carrefours dudit Digne accoutumés
et fait du tout dresser exploit par Ailhaud huissier
sans que depuis lors personne ait fait de nouvelles
offres, en sorte que ladite délivrance a entièrement
lieu et doit estre exécutée en faveur dudit hôpital et
le contract d'adjudication doit être incessamment

5

passé pour la moytié seulement, la communauté
devant conserver la moitié desdits moulins avec
dautant plus de raison qu'il ne restera pas grand
chose aux creanciers qui le doivent estre sur ledit
domaine en allienant seulement la moytie desdits
moulins, la communauté devant pourvoir pour le
payement du surplus par imposition et par là elle se
mettra à couvert des contestations qu'elle pourrait
avoir par la suite avec ledit hôpital, si elle allienoit
au dela de la moytie desdits moulins, depuis laquelle
délivrance et sachant qu'il n'y avait plus de nouvelles offres ils ont fait retirer des mains dudit sieur
Laugier et du sieur Demaves son greffier toutes les
pièces a lui remises pour raison desdites enchères,
ensemble l'extrait du verbal des susdites enchères
par le sieur Augustin Piston, agent de la communauté et fait payer par icelui les frais desdites enchères qui se montent suivant le rolle et acquit qu'il
en a raporté 86 livres 7 sous qu'il leur a mande
avec toutes lesdites pièces savoir : audit sieur Laugier, quarante livres pour quatre enchères, à raison de dix livres par enchère, 26 livres 13 sous
4 deniers au sieur Demaves pour les deux tiers dudit
sieur Laugier ; 3 livres 6 sous 8 deniers pour le papier dudit procès-verbal desdites enchères et autres,
6 livres 13 sous 4 deniers pour le trompette à raison
d'une livre 13 sous 4 deniers par enchère, et 9 livres
13 sous 8 deniers pour l'extrait dudit procès-verbal
et papier, laquelle somme de 86 livres 7 sous doit
être remboursée audit sieur Piston qui en a fait la
fourniture et dechargé de tous lesdits papiers qu'ils
ont remis dans les archives de la communauté, afin
d'y pouvoir avoir recours lorsque de besoin sera,
requerant le Conseil de déliberer sur tout le contenu
en la proposition.

Sur quoy le Conseil, après avoir mûrement réflé-
chi sur tout le contenu en la proposition, a unanimement délibéré approuvé et ratifié le voyage et séjour
du sieur Rochebrune, par lui fait en la ville d'Aix,
le mandat des frais dudit voyage à raison de 4 livres
par jour, y compris l'homme à pied qui l'a accompagné, la délivrance faite desdits moulins en faveur
de l'hospice Saint-Jacques de cette ville sur le pied
de 154,000 livres. La publication qu'ils ont fait faire
de l'ordonnance rendue par M. Laugier du 11 de ce
mois, du 14 de ce même mois, leur a donné pouvoir à Messieurs les Consuls de passer le contrat
d'adjudication desdits moulins en faveur dudit hôpital, pour la moitié seulement, aux formes portées
et conditions de la première offre faite par l'hospice
inserée audit verbal d'enchères. La communauté
voulant se maintenir pour l'aultre moytié de ses
moulins, et là où les 77,000 livres que ledit hôpital
sera indiqué de payer aux créanciers de la communauté tant en principal qu'en intérêt pour la moitié des 154 mille livres du prix desdits moulins, ne
suffira pas pour leur entier paiement, a encore
donné pouvoir auxdits sieurs Consuls de faire payer
le surplus des créances desdits créanciers qui le devaient estre sur lesdits domaines, par le trésorier de
la communauté, et pour cest effet, ils luy adresse-
ront des mandats qui seront admis et alloués à son
compte; donnant encore pouvoir ledit Conseil auxdits Consuls, de faire payer par ledit trésorier lesdites 86 livres 7 sous parfournies par ledit sieur
Piston pour les frais desdites enchères et extrait
lequel sieur Piston le sieur Consul a déchargé de
tous papiers et extraits de verbal desdites enchères
qu'il a retirees des mains dudit sieur Demaves, gref-

fier, dudit sieur Laugier et par lui mandees auxdits
sieurs Consuls et par ceux-ci remises dans les archifz
de la communauté, promettant en outre ledit Conseil d'aprouver et ratifier tout ce que par lesdits
sieurs Consuls sera fait en exécution de la présente
délibération et de les en relever en bonne et due
forme.

Le 1er juin 1720, les Consuls de Digne, Me Gaspard Rochebrun, avocat en la cour, M. d'Antoine Martin, notaire royal et Procureur au
siége, et Joseph Besson, marchand orfèvre,
munis du pouvoir qui leur avait été donné par
le Conseil général du 26 mai dernier; et les
Recteurs de l'hôpital Saint-Jacques, N. Jean-
François de Roux, Seigneur de Feissal; Me Noël
Meyrannes, avocat en la cour, Me Esprit Rochebrun, avocat en la cour, et sieur Louis Aubert,
Receveur des deniers du Roy et du pays, munis
du pouvoir qui leur avait été donné par le bureau général dudit hôpital, ce jour même avant
la comparution devant le notaire, se réunirent
devant Me Bucelle, notaire, et là réglèrent leurs
conventions de vente.

La communauté cédait pour 77,000 livres, la
moitié des moulins et restait portionnaire pour
l'autre moitié.

Voici cet acte :

L'an 1720 et le 1er jour du mois de juin, après-midi, sous le règne du très-chrétien Prince Louis XV, par la grâce de Dieu Roi de France et de Navarre,

Par-devant nous, notaire royal et greffier de la communauté de cette ville de Digne, et des témoins sous-nommés,

Constitués en leurs personnes, Me Gaspard Rochebrun, avocat en la cour, Me d'Antoine Martin, notaire royal et procureur au siége, et Joseph Besson, marchand orphèvre, sieurs Consuls modernes de ladite communauté, lesquels de leur gré, pour et au nom d'icelle, et suivant le pouvoir qui leur en a été donné par la délibération du Conseil général du 26 mai dernier, et ensuite des enchères et délivrance faite par-devant M. Laugier, subdélégué de M. l'Intendant de la ville d'Aix, le 11 dudit mois, publiée en cette ville, à son de trompe et criées publiques, dans tous les lieux et carrefours accoutumés, par exploit du 14 du même mois;

Ont bailhé, vuidé, cédé, remis, transporté et désemparé à la maison de l'hôpital St.-Jacques dudit Digne, N. Jean-François De Roux, seigneur de Feissal; Me Noël Meyrannes, avocat en la cour; Me Esprit Rochebrun, avocat en la cour; et sieur Louis Aubert, receveur des deniers du Roy et du pays, sieurs Recteurs modernes dudit hôpital, intervenant pour et au nom d'icelui, et suivant le pouvoir qui leur a été donné par le bureau général dudit hôpital, aujourd'hui, présents et pour ledit hôpital stipulants et acceptants;

La moitié des moulins bannaux de ladite communauté, consistant au bâtiment, en tête du Pré de la Foire, dans lequel il y a deux moulins moulant; au bâtiment dit le Moulin des Monges, dans lequel il y a aussi deux moulins moulants, et au bâtiment dit du Rougaire, dans lequel il y a aussi deux mou-

lins non moulants; auxquels moulins, qui sont bannaux, tous les habitants de cette ville et son terroir sont obligés de moudre leurs grains ; comme
aussi transportent audit hôpital, la moitié du droit
de mouture, à raison de 24 sols par charge de bled
et de légumes, et les mêmes moulins et droitz qui
sont tenus en arrantement par Antoine Jouyne, à la
rente annuelle de 4,533 livres 6 sous 8 deniers ensuite de l'acte du 23 mai 1719, reçu par Me Beaudun, notaire de cette ville, et ont été estimés par
le rapport fait par les experts commis par ledit sieur
Laugier, subdélégué, en l'absence de M. l'Intendant, par son ordonnance du 16 janvier 1719, en
exécution de l'arrêt du Conseil d'État du Roy, du
17 décembre 1718, portant vérification des dettes
de ladite communauté, pour être données en payement aux créanciers d'icelle, à la somme de 83,282
livres, en date ledit rapport du 22 novembre dernier, remis rière le greffe de l'Intendance.

Le prix desquels moulins a été porté auxdites enchères par ledit hôpital, par l'offre de 154,000,
sous la condition que ladite communauté resterait
portionnaire desdits moulins jusques à la somme
qu'il resterait du prix d'iceux, après ses créanciers
payés, sur le pied de laquelle offre la délivrance
en a été faite audit hôpital par ladite ordonnance
dudit sieur Laugier, du 11 dudit mois de mai, portant adjudication définitive desdits moulins, à la
charge néanmoins que conformément à son ordonnance du 17 avril dernier, ledit hôpital ne demeurerait portionnaire desdits domaines que jusqu'à
l'occurrence des sommes que ladite communauté
devait tant en principal qu'en intérêts à ses créanciers suivant ledit arrêt du Conseil d'État du 17 dé-

cembre 1718, et que le contrat d'adjudication
n'en serait passé auxdits sieurs Recteurs qu'après
la huitaine de la publication de ladite ordonnance,
qui serait faite audit Digne, laquelle publication
aurait ensuite été faite par le susdit exploit du 14 mai
dernier.

Et au moyen de ce, il appartiendra audit hôpital
la moitié desdits moulins et bâtiments particulière-
ment exprimés, désignés et confrontés par ledit
rapport d'estime, et du droit de mouture à raison de
24 sols par charge de blé et légumes, et qu'en cas de
poids, la charge de blé sera de 3 quintaux 10 livres;
le gros blé sera mesuré à proportion, et les légumes de 450 livres, suivant l'ancien usage, comme
il est énoncé dans ledit rapport;

Et l'autre moitié restera à la communauté, et au
moyen de ce, chacun retirera la moitié de la rente
que ledit Jouyne fermier d'à-présent en fait, à
compter dès demain et pendant le reste de la tenue
de sa ferme, après laquelle finie, lesdits moulins
seront arrantés communément, et à l'avenir par la
communauté et sieurs Recteurs dudit hôpital, aux
enchères publiques, dans la maison commune,
en présence des sieurs Consuls et des sieurs Recteurs dudit hôpital, ou de deux d'iceux, et la
délivrance faite et le contrat passé par eux de trois
en trois ans, comme il est accoutumé, à ceux qui
en feront la condition meilheure, et la rente
sera annuellement exigée, moitié par ladite communauté, ou trésorier d'icelle, et l'autre moitié
par ledit hôpital, ou son exacteur, et par même
moyen, chacune entrera par moitié aux frais des
entretiens des prises des eaux, fossés, bâtiments,
engins et autres qu'il conviendra de faire pour l'en-

tretien desdits moulins, par-dessus ceulx auxquels
les fermiers seront obligés par les contrats d'ar-
rentement qui leur seront passés ; et en ce qui est
des 34 livres 10 onces cadastrales que lesdits trois
moulins doivent être allivrés, suivant ledit rapport,
en sera supporté la moitié, qu'est de 17 livres
5 onces, par ladite communauté, et l'autre moitié,
qu'est aussi de 17 livres 5 onces, par ledit hôpital,
seront insérés dans la cote cadastrale dès aujour-
d'hui, pour en payer les tailles à l'avenir à ladite
communauté, à commencer par celles imposées pour
la présente année, pour lequel allivrement ledit hôpital ne contribuera néanmoins pas au paiement des
dettes privilégiées payables en deniers comptants
énoncées dans le susdit arrêt de vérification, mais
seulement aux dettes passives que la communauté
pourra contracter à l'avenir, comme il est porté par
ledit rapport ; à laquelle communauté sera toutefois
permis d'imposer, quand elle le trouvera à propos,
suivant la nécessité, tel plus grand droit de mouture et
même de piquet sur tous les grains et légumes qui se
moudront auxdits moulins qu'elle avisera et qu'elle
fera exiger par les fermiers qu'elle établira, qui lui
appartiendra en propre, sans que ledit hôpital y puisse
rien prétendre, ni que la communauté soit tenue
d'entrer, pour raison de ce, ni contribuer aux frais
des entretiens de prise, fossé, bâtiments, engins,
ni autrement en quelle façon et manière que ce soit,
laquelle communauté pourra établir, quand elle le
trouvera à propos, un poids à l'endroit où bon lui
semblera, le plus commode, auquel les bleds et
grains et ensuite les farines seront pesés, et cela
aux frais de la communauté, sans que l'hôpital soit
obligé d'y contribuer ; laquelle moitié des moulins

et droit de mouture est bailhée audit hôpital, sous la condition que le seigneur Evêque de cette ville sera exempt de tout droit de mouture pour son usage et ses domestiques lorsqu'il réside dans la ville, et lorsqu'il n'y réside pas, il peut y faire moudre une quantité de douze charges de blé tant seulement, sans payer aucun droit, pour raison du tout, ainsi qu'il est porté par la transaction du 27 mars 1545 et par une autre de 1617.

De même que MM. du Chapitre seront exempts dudit droit de mouture de 24 sols, suivant la transaction du 15 avril 1545 et par une autre de l'année 1717. De même MM. du Chapitre seront aussi exempts dudit droit de 24 sols, suivant la transaction du 15 avril 1665, savoir : M. le Prévost, pour douze charges ; MM. les Dignités et Chanoines, pour six charges chacun ; MM. les Bénéficiers et Curés, pour quatre charges chacun ; les maîtres de musique, l'Organiste et le Sous-Sacristain, pour trois charges chacun ; et les Enfants de chœur, au nombre de quatre, pour deux charges chacun, en payant toutefois cinq cosses blé pour chaque charge.

Pareillement est convenu que lesdits trois moulins seront entretenus en bon état et à frais communs, de ladite communauté et dudit hôpital, c'est-à-dire la moitié chacun, pour que les habitants y puissent faire moudre leurs grains, de même que les fossés et prises d'eaux d'iceux, en sorte qu'ils puissent porter d'eau en suffisance pour lesdits moulins, arrosages des propriétés et tanneries, et comme il est accoutumé, et à ces fins tiendront les fossés et béalages desdits moulins de la profondeur et de la largeur portée par le rapport du 15 juin 1707, et finalement la communauté bailhe ladite moitié des

moulins et droit de mouture audit hôpital, sous toutes les autres charges et conditions portées par ledit
rapport d'estime dudit jour, 22 novembre dernier,
et au long exprimées en icelui et sur le pied desquels les experts ont fait l'estimation desdits moulins qui seront communs avec ladite communauté
comme propriétaire de la moitié desdits moulins,
dont du tout lesdits sieurs Recteurs dudit hôpital se
déclarent être pleinement informés, par la lecture
qu'ils ont présentement faite de l'extrait dudit rapport, et qui seront exécutées suivant leur forme et
teneur, tout comme si elles étaient insérées tout au
long dans le présent contrat, étant ladite moitié des
moulins désemparée, avec tous ses droits, facultés
et appartenances, pour en jouir et user communément avec ladite communauté propriétaire de l'autre moitié, tout ainsi et de la même manière qu'elle
en jouissait et avait droit d'en jouir relevant ladite
moitié des bâtiments des moulins désemparés de la
directe du Roi, pour la moitié, et de celle de l'Évêque pour l'autre moitié, franche de toutes censes,
services, de tous arrérages de tailles du passé, la
susdite désemparation et adjudication de ladite moitié des bâtiments et moulins et droit de mouture ci-
devant énoncés, est faite pour et moyennant le prix
et somme de 77,000 liv. de l'ordonnance, qui est la
moitié de celle de 154,000 livres que ledit hôpital
avait fait offre pour le total du prix desdits trois
moulins et de la mouture, et sur le pied de laquelle
la délivrance lui en a été faite jusques à concurrence des sommes dues aux créanciers de ladite
communauté, qui revient à environ pareille somme
de 77,000 livres du prix de la moitié désemparée par
la susdite ordonnance, laquelle somme de 77,000

livres lesdits sieurs Consuls, pour et au nom de ladite communauté, chargent et indiquent les sieurs Recteurs de l'hôpital de payer, comme iceux ont promis et promettent, pour ledit hôpital et au nom d'icelui, à la descharge de ladite communauté, dès demain second jour de ce mois, et conformément à l'arrêt du Conseil, aux créanciers d'icelle, alloués par icelui pour estre payes sur lesdits domaines, et ci-après nommés :

1° A M. André Dejanon, avocat en la cour, 3,644 livses 4 sous 2 deniers à lui dus en principal et intérêts, savoir : 1° 420 livres 1 sou en principal à lui alloué par l'article 2 dudit arrêt du Conseil ; 2° 22 livres 14 sous 8 deniers pour les intérêts d'icelle courus depuis le 19 mars 1719, jusqu'au 2 de ce mois ; 3° 1,000 livres pour autre principal, à lui alloué par l'article 65 dudit arrêt ; 4° 67 livres 10 sous pour les intérêts courus depuis le 26 janvier 1719 jusqu'au 2 de ce mois ; 5° 1,700 livres autre principal, à lui alloué, par l'article 68, du même arrêt ; 6° 117 livres 7 sous pour les intérêts de ladite somme, courus depuis le 15 janvier 1719, jusqu'au 2 de ce mois, 7° 300 livres, autre principal alloué par l'article 69 dudit arrêt, et 8° 16 livres 11 sous 6 deniers pour les intérêts courus depuis le 24 avril de ladite année, jusqu'au 2 de ce mois, et ci. 3,644 l. 4 s. 2 d.

2° A la dame de Silvabelle, ou à ceux qui auront droit et cause d'icelle, la somme de 4,128 livres 5 sous 7 deniers à elle due, savoir : 1° 1,290 livres 18 sous 6 deniers auxquelles ont été réduites les 1,500 livres de capital énoncées en l'article 4 dudit arrêt du Conseil et État de la communauté ; 2° 42 livres 7 sous 1 denier pour tout reste d'intérêt des dites 1,090 livres 18 sous 6 deniers courus depuis le 28 janvier 1715, jour auquel ladite somme se trouve réduite suivant l'apostille à côté de l'article dudit état, jusqu'au 2 de ce mois, déduction faite du 10ᵉ, sur les pensions échues en 1716 et 1717, et 256 liv. 10 sous reçues par ladite dame, pour les intérêts desdites 1,500 livres des 4 années échues au 28 janvier 1719, les 10ᵉˢ des deux premières années précomptées, suivant la vérification faite sur les comptes des trésoriers; 3° 1,702 livres 10 sous autre capital à elle alloué par l'article 5 dudit arrêt et état, et 4° 103 livres pour les intérêts d'icelle courus depuis le 28 janvier 1719, jusqu'au 2 de ce mois; 5° 1,100 livres pour autre capital à elle alloué par l'article 10 dudit état et arrêt; 6° 66 livres 11 sous pour les intérêts courus depuis ledit jour 28 janvier 1719, jusqu'au 2 de ce mois, revenant les susdites sommes ci-dessus allouées à ladite dame de Silvabelle à celle de 4,305 livres 6 sous 7 deniers sur laquelle déduit 177 livres 1 sou reçues par ladite dame de la communauté pour les intérêts de 4 ans échus le 28 janvier 1719, du capital de 1062 livres de l'article 7 dudit état qui ont été rayées par l'apostille à côté d'icelle par l'imputation des intérêts induement exigés jusqu'au 28 janvier 1715, déduction faite du 10ᵉ des deux premières années, reste pour la première somme, ci............. 4,128 l. 5 s. 7 d.

3° A M. Jean-Pierre Bougerel, du lieu de Volonne, avocat en la cour, la somme de 2,766 livres 9 sous 2 deniers à lui dues, savoir : 1° 276 livres 3 deniers auxquelles les 300 livres contenues en l'article 8 dudit état et arrêt, ont été réduites; 2° 16 livres 12 sous 2 deniers pour tout reste d'intérêt desdites

276 livres 3 deniers courus depuis le 2 décembre
1715, jour auquel ladite réduction a été faite, jusqu'au 2 de ce mois, déduction faite du 10e des 2
premières années, et encore de 37 livres 16 sous
reçues par ledit sieur Bougerel de ladite communauté pour les intérêts desdites 300 livres de trois
années échues le 2 décembre 1718, le 10e des 2 premières années précomptées suivant la vérification
faite sur comptes des trésoriers; 3° 406 livres 10 sous
pour autre capital à lui alloué par l'article 11 dudit
état et arrêt; 4° 27 livres 8 sous 9 deniers pour les
intérêts d'icelles courus depuis le 1er décembre 1718,
jusqu'au 2 de ce mois; 5° 1,000 livres pour autre
capital à lui alloué par l'article 24 dudit arrêt;
6° 67 livres 10 sous pour les intérêts d'icelles courus
depuis le 2 décembre de 1718, jusqu'au 2 de ce
mois; 7° 1,000 livres pour autre capital à lui alloué
par l'article 47 dudit état et arrêt, et 8° 671 livres
10 sous pour les intérêts d'icelles, courus depuis
ledit jour 2 décembre 1718, jusqu'au 2 de ce mois,
revenant toutes les susdites sommes ci-dessus alloués
audit sieur Bougerel, en principal et intérêts à celle
de 2,861 livres 11 sous 2 deniers sur laquelle déduit
celle de 107 livres 2 sous payées par ladite communauté audit Bougerel, pour les intérêts du capital de
850 livres contenues en l'article 6 dudit arrêt, et
qui ont été rayées et consommées suivant l'apostille
à côté d'icelui, pour les intérêts induement exigés
jusques au 2 décembre 1715, et c'est jusqu'au 2 décembre de ladite année jusques à pareil jour de
1718, qu'est pour 3 ans, déduction faite du 10e des
2 premières années, suivant la vérification faite sur
les comptes des trésoriers, reste pour ladite première
somme, ci. . . . . 2,766 l. 9 s. 2 d.

4° Aux hoirs de M. Joseph de Lautaret de Saint-Vincent, avocat en la cour, la somme de 1,676 livres 10 deniers à eux due, savoir : 1° 636 livres principal à eux alloué par l'article 12 dudit état et arrêt ; 2° 63 livres 14 sous pour les intérêts d'icelle, courus depuis le 14 mars 1718, jusqu'au 2 de ce mois ; 3° 600 livres pour autre principal alloué auxdits hoirs par l'article 28 dudit état et arrêt ; et 4° 60 livres 14 sous pour les intérêts d'icelles, courus depuis ledit jour 4 mars 1718, jusqu'au 2 de ce mois ; 5° 83 livres 5 sous auxquelles ont été réduites les 315 livres 10 sous mentionnées en l'article 23 dudit état et arrêt ; 6° 8 livres 6 sous 10 deniers pour les intérêts d'icelle depuis le 4 mars 1718 jusques au 2 du présent mois ; 7° 109 livres 17 sous 6 deniers auxquelles ont été réduites les 201 livres 7 sous 2 deniers mentionnées en l'article 29 dudit état et arrêt ; 8° 11 livres 1 sou 10 deniers pour les intérêts d'icelles, courus depuis ledit jour 4 mars 1718 jusques au 2 de ce mois ; 9° 21 livres 19 sous 6 deniers auxquelles ont été réduites les 326 livres 11 sous contenues en l'article 34 dudit état et arrêt ; 10° 2 liv. 4 sous 5 deniers pour les intérêts d'icelles, courus depuis le 4 mars 1718 jusques au 2 de ce mois ; 11° 149 livres 12 sous 4 deniers à eux alloués par l'article 70 dudit état et arrêt ; 12° 14 livres 9 sous 9 deniers pour les intérêts d'icelles courus depuis le 26 juin 1718 jusques au 2 de ce mois ; revenant toutes les susdites sommes allouées auxdits hoirs à celle de 1,755 livres 5 sous 2 deniers en principal et intérêts ; sur laquelle deduit 79 livres 4 sous 4 deniers reçus par lesdits hoirs de ladite communauté, savoir : 29 livres 6 sous 2 deniers pour les intérêts de 232 livres 5 sous retranchées sur les 315 livres

10 sous de l'article 23 ; 11 livres 10 sous 6 deniers
pour les intérêts de 91 livres 7 sous 8 deniers retranchées sur les 201 livres 7 sous 2 deniers de l'article 29, et 38 livres 7 sous 8 deniers pour les intérêts de 304 livres 11 sous 6 deniers retranchés sur
les 326 livres 11 sous de l'article 26 ; et c'est pour
trois anuées échues le 4 mars 1718, déduction faite
du 10ᵉ des deux premières années ; reste pour ladite
somme première, ci.............. 1,676 l. 10 d.

5° Aux hoirs de Mʳᵉ Gaspard de Fermier, conseiller du Roy au siége de cette ville, ou à ceux qui
auront de lui droit et cause, la somme de 3,689 liv.
11 sous 7 deniers à eux dues, savoir : 3,483 livres
15 sous en capital, à eux alloués par l'article 14
dudit état et arrêt, et 205 livres 16 sous 7 deniers
pour les intérêts courus depuis le 10 février 1719,
jusques au 2 de ce mois, et ci. 3,689 l. 11 s. 7 d.

6° Au sieur Paul Chaix, des Mées, la somme de
548 livres 12 sous 2 deniers à lui dues, savoir :
500 livres en principal à lui alloué par l'article 15
dudit état et arrêt, et 48 livres 12 sous 2 deniers
pour les intérêts courus depuis le 22 juin 1718 jusqu'au 2 de ce mois, et ci....... 548 l. 12 s. 2 d.

7° Au sieur Jacques Rhodez, sieur de Barras, la
somme de 963 livres 5 sous 8 deniers à lui due,
savoir : 900 livres en principal, à lui alloué par
l'article 16 dudit arrêt, et 63 livres 5 sous 8 deniers
pour les intérêts d'icelles, courus depuis le 11 nov.
1718 jusques au 2 de ce mois, ci.. 963 l. 5 s. 8 d.

8° Aux hoirs de M. Antoine Daudet, avocat en la
cour, la somme de 10,686 livres 5 sous à eux due,
savoir : 1° 10,000 livres en capital à eux allouées par

ledit arrêt du Conseil, et contenues aux articles
17, 18, 19 et 20 de l'état, faisant partie des 12,000
livres dues auxdits hoirs, contenues auxdits articles
et allouées par ledit arrêt, ayant lesdits hoirs cédé
les 2,000 livres de surplus dudit capital à demoiselle
Olympe Daudet, dont il sera parlé ci-après ; 2° 686
livres 5 sous pour les intérêts d'icelles, courus depuis le 24 novembre 1718, jusques au 2 de ce mois,
et ci..................... 10,686 l. 5 s.

9° A demoiselle Olympe Daudet, épouse de M. Jean-
Antoine Descin, avocat en la cour, 1,068 livres
12 sous 6 deniers à elle dues, savoir : 1° 1,000 liv.
en principal, faisant partie des 2,000 livres à elle
cédées par les hoirs dudit M. Daudet, et allouées par
les articles ci-dessus énoncés, ayant elle cédé les
1,000 livres de surplus à N. Jean Taxil, secrétaire,
dont sera parlé ci-après ; 2° 68 livres 12 sous 6 deniers pour les intérêts d'icelles, courus depuis ledit
jour 24 novembre 1718, jusques au 2 de ce mois,
ci..................... 1,068 l. 12 s. 6 d.

10° A N. Jean Taxil, secrétaire, pareille somme
de 1,068 livres 12 sous 6 deniers à lui dues, savoir :
1° 1,000 livres en principal, comme cessionnaire de
ladite demoiselle Daudet, et icelle desdits hoirs dudit
M. Daudet, et alloué aux articles ci-devant énoncés ;
2° 68 livres 12 sous 6 deniers pour intérêts d'icelles
courus depuis le 24 novembre 1718, jusques au 2 de
ce mois, et ci............... 1,068 l. 12 s. 6 d.

11° Aux hoirs de Mre Gaspard-Alexis de Jaubert
de Pontevez, Conseiller du Roi, lieutenant général
au siége dudit Digne, ayant droit des hoirs de
M. Gaspard Allemand, la somme de 1,605 livres
4 deniers à eux dues, savoir : 1° 1,546 livres 6 sous

4 deniers en principal auxquelles ont été réduites les 1,680 livres contenues en l'article 22 dudit état et arrêt ; 2° 58 livres 19 sous 4 deniers courus depuis le 28 mars 1715, au 2 de ce mois, déduction faite du 10ᵉ des deux premières années, et de 287 livres 4 sous 10 deniers reçues par lesdits hoirs de ladite communauté, pour les intérêts à plein desdites 1,680 livres, nonobstant ladite réduction de 4 années échues le 20 mars 1719, déduction pareillement faite du 10ᵉ des 2 premières années, ci...................................... 1,605 l. 4 d.

12° Aux hoirs de N. François de Rascas, Seigneur de la Robine et d'Esclangon, la somme de 3,530 liv. 3 sous 10 deniers à eux due, savoir : 1° 400 livres en principal, alloué par l'article 25 dudit état et arrêt ; 2° 26 livres 17 sous pour les intérêts d'iceux courus depuis le 5 décembre 1718 jusqu'au 2 de ce mois; 3° 2,000 livres autre principal à eux alloué par l'article 38 du même état et arrêt ; 4° 134 liv. 5 sous pour les intérêts d'icelle, courus depuis ledit jour 5 décembre 1718, jusqu'au 2 de ce mois; 5° 908 livres 2 sous 8 deniers autre principal, à eux alloué par l'article 26 dudit état et arrêt ; 6° et 60 livres 19 sous 2 deniers pour les intérêts d'icelle, courus depuis le même jour, 5 décembre 1718, jusqu'au 2 de ce mois, ci...... 3,530 l. 3 s. 10 d.

13° Audit N. Jean Taxil, secrétaire, ou à ceux qui se trouveront avoir droit et cause de lui, la somme de 5,367 livres 15 sous 2 deniers à eux due, savoir : 1° 800 livres en principal à lui alloué par l'article 28 dudit état et arrêt ; 2° 47 livres 4 sous pour les intérêts d'icelle, courus depuis le 10 février 1719, jusques au 2 de ce mois ; 3° 3,000 livres autre capital à lui alloué par l'article 66 dudit état et

arrêt ; 4° 197 livres 17 sous 6 deniers pour les intérêts de ladite somme courus depuis ledit jour 10 février 1719 jusques au 2 de ce mois ; 5° 627 livres
11 sous 11 deniers pour autre capital à lui alloué
par l'article 75 dudit état et arrêt ; 6° 41 livres
3 sous 9 deniers pour les intérêts d'icelles courus
depuis ledit jour, 10 février 1719, jusques au 2 de
ce mois ; 7° 400 livres 13 sous 4 deniers autre principal à lui alloué par l'article 71 dudit état et arrêt ;
8° 26 livres 5 sous 6 deniers pour les intérêts d'icelles, courus depuis ledit jour 10 février 1719, jusques au 2 de ce mois ; 9° 267 livres 1 sou 2 deniers
qui lui obviennent des 679 livres 13 sous 6 deniers
alloués aux hoirs ou ayant cause de M. Jacques
Torniaire, faisant partie des 1,009 livres 13 sous
6 deniers auxquelles les 1,500 livres contenues aux
articles 51, 52 et 53 dudit état et arrêt, auquel
lesdits articles 51, 52 et 53 ont été alloués, les 412
livres 12 sous 4 deniers du surplus desdites 679
livres 13 sous 6 deniers appartenant à la confrérie
des pauvres honteux dudit Digne, comme ayant
droit du sieur de Saint-Claude, premier cessionnaire dont sera parlé ci-après, et les hoirs 130 livres
de surplus desdites 1,009 livres 13 sous 6 deniers
ayant été alloués par l'article 50 à la confrérie *Cor-
pus Domini*, érigée en l'église cathédrale dudit
Digne, à laquelle la pension de ladite somme doit
être payée en deniers par imposition ; 10° 57 livres
9 sous 8 deniers pour les intérêts desdites 267 livres
1 sou 2 deniers qui restent audit sieur Taxil, en
qualité de cessionnaire de la demoiselle Torniaire
et sieur Bezaudun, courus depuis le 8 juin 1715,
jour de la rédaction et fixation de ladite somme,
jusques au 2 de ce mois, déduction faite du 10° des

deux premières années , revenant toutes les susdites
sommes en principal et intérêts à celle de 5,461 liv.
7 sous 2 deniers sur laquelle déduit 96 livres 12 sous
pour les intérêts de trois ans échus le 8 juin 1718 ,
qu'il a exigé de ladite communauté des 757 livres
7 sous 8 deniers de la cession sur lesdites 1,500 liv.
laquelle se trouve ainsi réduite par le moyen dudit
retranchement aux susdites 267 livres 1 sou 2 deniers déduction faite des deux premières années ,
reste pour la première somme de 5,367 livres 15 sous
2 deniers , ci.............. 5,367 l. 15 s. 2 d.

14° Aux sieurs Recteurs de la confrérie des pauvres honteux et miséricorde dudit Digne 449 livres
19 sous à eux dues , savoir : 1° 412 livres 12 sous
4 deniers en principal , faisant partie des 679 liv.
13 sous 10 deniers allouées par l'apostille dudit article 50 dudit état et arrêt du Conseil auxdits hoirs ou
ayant cause du sieur Jacques Tourniaire ; 2° 37 liv.
6 sous 8 deniers courus depuis ledit jour 8 juin 1718,
jusques au 2 de ce mois, ci.......... 449 l. 19 s.

15° Au sieur Joseph Feraud, bourgeois, Président
de cette ville , en qualité d'héritier de demoiselle
Claire Escries , sa mère , icelle cessionnaire de
N. Louis d'Hesmivy , Seigneur de Moissac, la somme
de 6,608 livres 17 sous 5 deniers à lui dues, savoir :
1° 3,145 livres 13 sous en capital à lui alloué par
l'article 30 dudit état et arrêt ; 2° 237 livres 1 sou
11 deniers pour les intérêts d'icelles, courus depuis
le 30 septembre 1718, jusqu'au 2 de ce mois ; 3°
3,000 livres autre capital à lui alloué par l'article 31
du même état et arrêt, et 4° 226 livres 2 sous 6 deniers pour les intérêts d'icelles courus depuis ledit
jour 3 septembre 1718, jusqu'au 2 de ce mois , re-

venant toutes les susdites sommes dues audit sieur
Feraud, en principal et intérêts à ladite somme
première de 6,608 livres 17 sous 5 deniers, et
ci........................... 6,608 l. 17 s. 5 d.

16° A Mre Louis Tornière, avocat en la cour, la
somme de 2,635 livres 4 sous à lui due, savoir :
1° 300 livres en principal, à lui alloué par l'art. 33
dudit état et arrêt; 2° 15 livres 9 sous 5 deniers
pour les intérêts d'icelles, courus depuis le 10 avril
1719, jusqu'au 2 de ce mois; 3° 2,191 livres autre
capital à lui alloué par l'article 37 dudit état, et
4° 128 livres 14 sous 7 deniers pour les intérêts
d'icelles, courus depuis le 12 février 1719, jusques
au 2 de ce mois, ci................. 2,635 l. 4 s.

17° Audit Mre Jean-Louis de Tuffet, Seigneur de
Mélan, Conseiller et Procureur du Roi au siége dudit
Digne, la somme de 7,168 livres 14 sous 4 deniers
à lui dues, savoir : 1° 6,667 livres 16 sous en principal, à lui alloué par l'article 44 dudit état et arrêt,
et 2° 500 livres 18 sous 4 deniers pour les intérêts
d'icelles courus depuis le 1er octobre 1718, jusques
au 2 de ce mois, ci........... 7,168 l. 14 s. 4 d.

18° A Mre Jean-Louis Plan, Seigneur des Sièyes,
Chevalier, Trésorier général de France en la généralité de Provence, la somme de 9,342 livres 11 sous
5 deniers, à lui dues, savoir : 1° 8,742 livres 10 sous
6 deniers faisant partie desdites 1,316 livres 5 sous
6 deniers du capital à lui alloué par l'article 44 dudit
état et arrêt, ayant cédé les 1,570 livres 15 sous du
surplus de ladite somme aux hoirs dudit feu sieur
Lieutenant de Jaubert, dont sera parlé ci-après,
et 2° 601 livres 11 deniers pour les intérêts desdites
8,742 livres 10 sous 6 deniers courus depuis le

23 novembre 1718 , jusques au 2 de ce mois, et
ci...................... 9,342 l. 11 s. 5 d.

19° Auxdits hoirs dudit sieur Lieutenant de Jaubert, la somme de 1,681 livres à eux due , savoir :
1,573 livres 15 sous en principal, procédant de cession dudit sieur général Plan , et alloué par ledit
article 44 , et 108 livres 4 sous pour les intérêts
d'icelles , courus depuis ledit jour 23 novembre 1718
jusques au 2 de ce mois, ci............. 1,681 l.

20° Au sieur Jacques Salèze , bourgeois de Mezel ,
étant aux droits de la demoiselle Bonnet, 49 livres
19 sous à lui due, savoir : 1° 46 livres 9 sous 4 deniers en principal à lui alloué par l'article 48 dudit
état et arrêt ; et 2° 3 livres 9 sous 8 deniers pour
les intérêts courus depuis le 29 septembre 1718 ,
jusques au 2 de ce mois, ci........... 49 l. 19 s.

21° Au Monastère des Religieuses de Sainte Ursule,
de cette ville, étant aux droits de demoiselle de Léotard , ou des hoirs d'icelle, la somme de 7,300 liv.
19 sous 4 deniers à lui dues, savoir : 1° 6,788 liv.
8 sous 6 deniers en principal , alloué audit Monastère , par l'article 49 dudit état et arrêt, et 2° 512
livres 10 sous 10 deniers pour les intérêts d'icelles
courus depuis le 29 septembre 1718, jusqu'au 2 de
ce mois , ci................. 7,300 l. 19 s. 4 d.

22° A Mre Joseph-Pierre Rochebrun, avocat en la
cour , ou à son cessionnaire , la somme de 316 livres
17 sous 6 deniers à lui due., savoir : 1° 300 livres
à lui allouées par l'article 72 dudit état et arrêt ;
2° et 16 livres 17 sous 6 deniers pour les intérêts
d'icelles, courus depuis le 17 avril 1719 , jusques
au 2 de ce mois, ci............ 316 l. 17 s. 6 d.

23° A M⁺ François Gassendi, avocat en la cour, la somme de 557 livres 2 deniers à lui due savoir : 1° 506 livres 12 sous 6 deniers en principal, à lui alloué par l'article 73 dudit état et arrêt du conseil ; 2° et 50 livres 7 sous 8 deniers pour les intérêts d'icelle, courus depuis le 4 juin 1719, ci 557 l. 2 d.

24° Et finalement à Mᵉ Pierre Guitton, Seigneur de Barras et de Tournefort, conseiller du Roi, et lieutenant particulier civil audit siége, la somme de 143 livres 15 sous 4 deniers, en déduction et à bon compte de celle de 1,305 livres 6 sous que la dite communauté se trouve lui devoir, savoir : 1,200 livres en principal, à lui alloués par l'article 57 dudit état et arrêt du conseil ; et 2° 105 livres 6 sous pour les intérêts d'icelle, courus depuis le 20 juin 1718, jusqu'au 2 de ce mois, demeurant ladite communauté chargée de payer audit sieur Guitton les 1,161 livres 10 sous 8 deniers qui se trouvent lui être dues de reste, ayant compte des intérêts tous les susdits créanciers sur le pied des cottes du 5 et du 4 1|2 p. 0|0, pour ceux dont la réduction avait été faite à la dernière cotte, comme il est réglé à chacun des articles dudit état et arrêt dudit conseil, ci.............. 143 l. 15 s. 4 d.

Revenant toutes les susdites sommes déléguées aux dits créanciers en principal et intérêts à celle de 77,000 livres qui fait l'entier payement du prix de ladite moitié des moulins et droit de mouture ci-dessus désemparé audit hôpital, promettant lesdits sieurs Recteurs dudit hôpital, pour et au nom d'icelui, de payer toutes les susdites sommes déléguées à chacun desdits créanciers indiqués dès demain second de ce mois, en rapporter quittance en forme

et en relever et faire tenir quitte ladite communauté,
ensemble les intérêts dès le même jour, moyennant
lequel payement ledit hôpital demeurera entièrement quitte desdites 77,000 livres du susdit prix,
faisant autant que de besoin lesdits sieurs Consuls,
au susdit nom et qualité cession des droits et actions
de ladite communauté auxdits créanciers indiqués
pour le recouvrement des susdites sommes à eux
déléguées dudit hôpital, et en faisant par lesdits
sieurs Recteurs les susdits payements auxdits créanciers indiqués, ledit hôpital sera et demeurera subrogé, comme dès-à-présent, lesdits sieurs Consuls,
au nom de ladite communauté le mettent et subro-
gent au droit et action, place et hypothèques desdits créanciers pour le maintenir sur la moitié
desdits moulins désemparés ensuite de leur délivrance et présente adjudication. En vertu dudit
arrêt du Conseil et en conformité d'icelui, tout
ainsi et de la même manière que lesdits créanciers
auraient eu droit de le faire, et moyennant ce que
dessus, lesdits sieurs Consuls au susdit nom et qualité se sont démis et devêtus de ladite moitié des
moulins et droit de mouture, dessus désemparé, et
en ont investi et saisi en tant que de besoin ledit
hôpital, avec pouvoir d'en prendre possession dès
demain, promesse de l'en faire jouir, et de lui être
tenu de toute éviction générale et particulière, en
forme et jusqu'à l'entier paiement et prélèvement
du susdit prix, ladite moitié des moulins et droit de
mouture transportés seront et demeureront expres-
sément affectés et hypothéqués en faveur de ladite
communauté et desdits créanciers indiqués, se cons-
tituant lesdits sieurs Recteurs dudit hôpital de tenir
le tout à leur profit, en nom et constitut de précaire,

sans pouvoir vendre ni aliéner à leur préjudice, et
pour l'observation de tout ce que dessus, à peine de
tous dommages intérêts et dépens, lesdits sieurs
Consuls obligent les rentes et revenus de la communauté, et lesdits sieurs Recteurs, les biens, rentes
et revenus dudit hôpital, présens et à venir, à toutes cours, renonçant, jurant, requérant acte.

Fait et publié à Digne, dans l'hôtel de ville, présents : Claude Sauvaterre, écrivain ; sieur Étienne
Fabre, maître cordonnier de ladite ville, témoins
requis et signés avec lesdits sieurs Consuls et Recteurs ; Rochebrun, Consul ; Martin, Consul ; Besson,
Consul ; Feyssal, Meyranes, Aubert, Rochebrune,
Sauvaterre, Ét. Fabre, et moi Bucelle, notaire,
ainsi signés à l'original.

Contrôle au bureau dudit Digne par Aubert.

Collationné par nous notaire recevant audit Digne
ci par extrait soussigné Bucelle notaire.

Collationné sur autre extrait qui est dans les archives de la communauté de cette ville de Digne par
nous notaire royal et greffier de ladite communauté,
exhibé et à l'instant retiré et remis dans lesdites archives par Me Etienne Francoul, notaire royal et
procureur au siége de Digne, un des sieurs Consuls
modernes soussigné avec nous dit notaire et greffier,
ce 8 août 1722.

Signés : FRANCOUL, Consul ; MARTIN, Notaire.

Cette possession des moulins de Digne, possession collective entre la communauté de Digne
et l'hôpital Saint-Jacques se maintint jusqu'à la
révolution de 89.

A cette époque, par suite de la nouvelle légis-

lation, la banalité de nos moulins, se trouva
exposée à de graves dangers. Il fallait prouver
que cette banalité n'était pas féodale, et celle
de nos moulins l'était essentiellement d'après
l'explication que nous en avons donnée.

Le décret du 15 mars 1790, tit. II, art. 23,
s'exprimait ainsi :

Art. 23. Tous les droits de banalité de fours, moulins, pressoirs,
boucheries, taureaux, verrats, forges et autres, ensemble les sujétions
qui y sont accessoires, ainsi que les droits de verte-monte et de vent,
le droit prohibitif de la quête-mouture ou chasse des meuniers, soit
qu'ils soient fondés sur la coutume ou sur un titre acquis par prescrip-
tion, ou confirmés par des jugements, sont abolis et supprimés sans
indemnité, sous les seules exceptions ci-après.

Art. 24. Sont exceptés de la suppression ci-dessus, et seront rachetables,

1º Les banalités qui seront prouvées avoir été établies par une convention souscrite entre une communauté d'habitants et un particulier
non seigneur;

2º Les banalités qui seront prouvées avoir été établies par une convention souscrite entre une communauté d'habitants et un particulier
non seigneur, et par laquelle le seigneur aura fait à la communauté
quelque avantage de plus que de s'obliger à tenir perpétuellement en
état les moulins, fours et autres objets banaux;

3º Celles qui seront prouvées avoir eu pour cause une concession faite
par le seigneur à la communauté des habitants, de droits d'usage dans
ses bois ou prés, ou de communes en propriétés.

La commune de Digne était dans l'impossibilité de prouver que la banalité de ses moulins
avait été établie par une communauté d'habitants
et un particulier non seigneur, car elle avait
acheté à titre onéreux ses moulins du seigneur

Évêque et de deux autres seigneurs, et non d'un particulier non seigneur.

La commune de Digne ne se trouve pas davantage dans les cas prévus par les articles 2 et 3 de l'art. 24 dudit décret ; car on n'a acquis les moulins de ses seigneurs qu'à titre onéreux, et ce n'est ni un avantage, ni une concession desdits Seigneurs.

Ainsi le moulin des Monges a eté acquis de l'Évêque Chérubin Dorsière, par un bail emphythéotique, à la cense annuelle de 18 florins, plus la réserve de moudre au moulin, pendant son séjour à Digne, tout le blé qui lui serait nécessaire pour lui et pour sa maison épiscopale.

De même pour le moulin de la porte de Gaubert, le droit de Lods n'était pas moins de 326 florins, moitié pour la curie royale, et moitié pour l'Évêque.

Quant au moulin, acquis des hoirs Chaussegros, sis à la porte du Portallet et appelé le Rougaire, il avait été acquis au prix de 400 florins payés comptant.

En l'an V, la ville de Digne et l'hospice Saint-Jacques étaient intéressés l'un et l'autre à conserver la banalité de leur moulin. Et les Consuls et les Recteurs de l'hôpital s'entendirent pour faire prononcer un jugement qui maintiendrait la banalité.

Les Administrateurs de la commune de cette

époque, étaient les sieurs François, Président ;
Ailhaud , Administrateur ; Sossy et Faudon ,
Commissaires.

Le tribunal fut composé ainsi qu'il suit :
Faudon, Président ; Gaubert, Richard , Plauchu
et Bassignot , juges.

Le citoyen Trabuc , fut le défenseur de l'hospice ;

Le citoyen Ailhaud, fut le défenseur de la
communauté.

Nous reproduisons le jugement :

Au nom de la République, le Tribunal civil du
département des Basses-Alpes dans son audience du
vingt-quatre floréal an cinq , a rendu le jugement
suivant ,

Entre la commission administrative de l'hospice
civil de Digne , duement autorisée par l'administration centrale du département , demanderesse en
assignation du douze nivôse dernier, comparant
par *Trabuc*, homme de loi, son défenseur officieux ;

Et la commune de Digne , représentée par sa mu-
nicipalité , défenderesse par *Aillaud* , son défenseur
officieux.

La cause plaidée à l'audience du vingt du courant, et renvoyée à commissaire, le citoyen *Gaubert*,
juge de la première section , commis par ordonnane
dudit jour , a fait le rapport suivant à l'audience du
vingt-quatre floréal an cinq.

Il résulte de la plaidoirie et des mémoires respec-
tifs des parties, qu'il s'agit, dans ce procès, du
patrimoine des pauvres, d'une bannalité dont la

commission réclame le maintien contre la commune
qui soutient que ce droit est aboli sans indemnité
pour la commission ; l'on a dit que toutes bannalités
usurpées sur les citoyens , sont odieuses ; que toutes
celles qui dérivent du fief , étant regardées comme
atteintes de ce caractère , ont été abolies ; mais qu'il
est juste de faire avec la loi , les distinctions qu'elle
énonce elle-même , pour proscrire ou conserver ce
qu'elle conserve ou proscrit ; car , si c'est violer la
loi que de ne pas la garder , c'est en abuser que de
l'étendre hors du cas pour lequel elle est faite.

Les bannalités , a-t-on dit , sont supprimées sans
indemnité par la disposition textuelle de l'article
vingt-trois de la loi du 15 mars mil sept cent quatre-vingt-dix ; mais l'article vingt-quatre excepte ,
1° celles qui sont prouvées avoir été établies entre
une communauté d'habitants et un particulier
non seigneur ; 2° celles qui sont prouvées avoir
été établies par une convention entre une communauté d'habitants et son seigneur , par laquelle
le seigneur aurait fait à la communauté quelque
avantage de plus que de s'obliger à tenir perpétuellement en état les moulins , fours et autres objets
banaux ; 3° celles qui seront prouvées avoir eu
pour cause une concession faite par le seigneur à la
communauté, des droits d'usage dans les bois ou prés
ou des communes en propriété.

Ces deux dernières exceptions ont été restreintes
par le décret du vingt-cinq août mil sept cent
quatre-vingt-douze, concernant les droits féodaux ,
aux bannalités féodales qui seroient prouvées avoir
pour cause une concession de fonds , c'est l'objet
de l'article cinq de cette loi ; l'article dix-sept déclare que la suppression ne regarde pas les redevan-

ces qui ne tiennent point à la féodalité, et qui sont dues par des particuliers non seigneurs ; ni possesseurs de fiefs. Enfin, l'article premier du décret du dix-sept juillet mil sept cent quatre-vingt-treize supprime sans indemnité toutes les redevances ci-devant seigneuriales, droits féodaux, censuels fixes, même ceux conservés par le décret du vingt-cinq août mil sept cent quatre-vingt-douze. De toutes les dispositions de ces décrets, l'on en a tiré cette remarque, que la première exception de l'article vingt-quatre du décret du quinze mars mil sept cent quatre-vingt-dix, demeure intacte, puisque les lois postérieures ne prennent pour objet de leurs suppressions, que les deux dernières concernant les bannalités féodales.

L'on a dit encore, pour fortifier les observations de l'hospice, que les bannalités établies entre une communauté d'habitants et un particulier non seigneur, étoient une partie du droit public de la ci-devant Provence, fondé sur les statuts qui permettoient aux communes de s'imposer à leur gré, pour s'acquitter de leurs charges ; que, lorsque ces impositions générales étoient aliénées, elles étoient à toujours rachetables, comme rentes constituées à prix d'argent ; que les principes de cette faculté font la matière des arrêts du conseil du quinze juin mil six cent soixante-huit, quatorze novembre mil sept cent trente, et de la déclaration du trois février mil sept cent soixante-quatre, dont l'article quatre est formel à ce sujet, « déclarant rachetables à toujours, » y est-il dit, comme rentes constituées à prix d'ar- » gent, toutes les redevances en fruits, grains, etc.: » et les bannalités que les communautés justifieront » avoir été acquises moyennant argent ; » que ces deux lois ont été prises en considération par le législateur qui, dans l'article dix-huit de la loi du trente mai mil sept cent quatre-vingt-dix, déclare qu'il n'entend point déroger aux antérieures, qui, dans quelques provinces ont autorisé les communautés à racheter, sous conditions particulières, les bannalités auxquelles elles étoient assujéties, et dans l'article onze, titre deux de la loi du treize avril mil sept cent quatre-vingt-onze, où il est dit, que les dispositions des anciens règlements énoncés dans l'article dix-huit ci-dessus rapporté, sont déclarées communes à toute la France.

Les lois nouvelles et les anciennes, a-t-on dit, se concilient dans cette analogie ; que les bannalités entre les communautés et des particuliers non seigneurs, acquises à des prix d'argent, sont rachetables; mais qu'elles doivent subsister jusqu'à ce que le rachat s'en effectue.

Après avoir établi ce point de droit, l'on a montré que la bannalité de l'hospice était exactement dans le cas réservé par la première partie de l'article vingt-quatre de la loi du quinze mars mil sept cent quatre-vingt-dix ;

Et l'on a dit qu'il n'y avait de féodalité ni sous l'aspect des parties, ni sous celui de la chose ; que l'hospice étoit corps civil, sans privilége féodal; que la commune n'avoit jamais été, vis-à-vis de lui, sous aucune dépendance seigneuriale; que quant à la chose, il suffirait de prouver par l'acte du premier juin mil sept cent vingt, notaire *Bucelle*, que la commune de Digne, obligée de payer ses dettes par arrêt du conseil, avoit mis aux enchères la vente de la bannalité de ses moulins à farine; que l'adjudication de la moitié en avait été faite à l'hospice, pour soixante et dix-sept mille livres, dont le montant fut par lui compté aux divers créanciers de la commune, qui lui furent indiqués, et dont il conste dans le susdit acte.

Mais, que pour édifier sur l'origine de cette bannalité, et justifier qu'elle n'avait jamais eu de rapport avec le fief, l'on produisoit, 1° un acte du vingt-sept mai mil cinq cent quarante-cinq, notaire *Bartely*, par lequel *Cherubin Dorsière*, évêque et seigneur de Digne, vendit à la commune, un moulin à farine, par ce motif expressement énoncé, que les habitants préférant de donner le profit de la mouture de leurs grains aux moulins de la commune, le sien était devenu sans produit. Voici les expressions de l'acte : « Attendu mêmement que » ladite communauté de Digne a trois moulins aux- » quels la plus grande partie des gens de la ville y » vont moudre pour le profit et utilité d'icelle, et » que bien peu de gens vont moudre au moulin » dudit seigneur évêque, et par ainsi lui est de » petit revenu. » 2° L'on a produit un autre acte du huit avril mil cinq cent quarante-neuf, notaire *Pierre Isoard*, par lequel les frères *Hermitte* vendent un moulin à farine à la communauté de Digne ; 3° la délibération du conseil de ladite communauté du cinq février mil six cent quarante, qui établit la bannalité des moulins sur la consommation des grains qui se feroit dans la commune ; 4° des notes desquelles il résultoit que les moulins ne payoient d'indemnité que pour le matériel, et non pour la bannalité ; 5° enfin, une transaction du quinze avril mil six cent soixante-cinq entre la commune et son ci-devant chapitre, de laquelle il paroît que c'était par rêve et imposition volontaire que la commune avoit établi la bannalité.

L'on a induit de ces titres que l'origine de la
bannalité procédoit d'impositions mises par la commune sur elle-même, pour être en état de faire
face à ses engagements; que la transaction à l'hospice avoit été autorisée, faite avec enchères, à un
prix considérable, dont le montant avoit servi à
libérer la commune envers ses créanciers; que si on
envisage cette bannalité relativement à son origine,
à son transport, aux parties contractantes, aux lois
anciennes et à celles du jour, l'on ne trouve rien qui
ne sollicite sa conservation en faveur de l'hospice;
que le ministre de l'intérieur, à qui la commission dudit hospice avoit écrit au sujet de cette bannalité sur les difficultés qu'elle éprouvoit, lui a
répondu par sa lettre du deux floréal courant, *de
persévérer, et qu'elle recueilleroit, sans doute, le
fruit de ses soins paternels*, que la commission dé-
terminée par le droit et le besoin des pauvres, a
fait assigner les agents municipaux de la commune
dans laquelle s'introduisoient des farines étrangères
depuis quelque temps, à comparoître par-devant le
tribunal civil du département, pour voir dire que
l'hospice sera maintenu dans le droit de bannalité
qui lui a été par elle transporté, suivant l'acte du
premier juin mil sept cent vingt, sur les moulins
à farine situés dans la commune; qu'il sera fait
inhibitions et défenses à tous qu'il appartiendra
d'y introduire de la farine étrangère, et d'y en
consommer d'autre que celle qui sortiroit desdits
moulins bannaux; qu'en cas de contravention, en
vertu du jugement à intervenir, seroit fait saisie de
la farine en délit; qu'il en seroit dressé procès-
verbal; que cette farine seroit et demeureroit con-
fisquée au profit de l'hospice, et que les contreve-

nants seraient en outre condamnés envers lui à
l'amende de cent livres, pour lui tenir lieu de dommages-intérêts, et que le jugement à intervenir,
sera imprimé et affiché dans tous les lieux et carrefours de la commune accoutumés.

Ces conclusions, a-t-on dit, ne pouvant souffrir
aucune légitime contradiction, on a demandé l'en-
térinement avec dépens.

L'on a dit pour la commune, qu'il étoit vrai que
l'hospice avait acheté la banalité au prix de 77,000 l.;
qu'il étoit fâcheux pour lui de ne pouvoir conserver
son acquisition, mais que la loi du vingt-cinq août
mil sept cent quatre-vingt-douze, et celle du dix-sept
juillet mil sept cent quatre-vingt-treize, ayant sup-
primé sans indemnité toutes les bannalités, l'exécution de la loi était le premier devoir de l'administration municipale; qu'elle devait faire taire le senti-
ment devant la volonté de la loi; qu'au moyen de
la suppression, l'hospice devait être débouté, et la
commune mise hors d'instance et de procès.

Des débats des parties, naissent les questions sui-
vantes :

1° Les banalités établies entre une communauté
d'habitants et un particulier subsistent-elles?

2° La banalité dont l'hospice de Digne réclame
le maintien, est-elle de cette qualité?

3° La confiscation et l'amende demandées doivent-
elles être accordées?

4° L'impression et l'affiche doivent-elles être or-
données?

Après avoir de nouveau ouï les défenseurs officieux des parties, et le commissaire du directoire
exécutif,

Considérant que la première partie de l'article

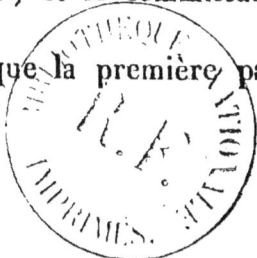

7

vingt-quatre de la loi du quinze mars mil sept cent quatre-vingt-dix (*vieux style*), excepte de la suppression, et déclare seulement rachetables les banalités dont s'agit en la première question ; que les lois des vingt-cinq août mil sept cent quatre-vingt-douze et dix-sept juillet mil sept cent quatre-vingt-treize, ne suppriment que les banalités seigneuriales ; que l'article dix-sept de la loi du vingt-cinq août, déclare que les redevances qui ne tiennent point à la féodalité, et qui sont dues par des particuliers à des particuliers non seigneurs, ni possesseurs de fiefs, ne sont pas comprises dans la suppression ;

Considérant qu'il est prouvé démonstrativement que la banalité réclamée par l'hospice de Digne, n'a jamais été féodale; qu'elle a au contraire été établie et transportée à l'hospice par la commune elle-même à titre onéreux, ce qui résulte des actes des vingt mai mil cinq cent quarante-cinq, huit avril mil cinq cent quarante-neuf, cinq février mil six cent quarante, et quinze avril mil six cent soixante-cinq ;

Considérant que l'hospice n'a jamais eu de supériorité féodale sur la commune;

Considérant que la confiscation et l'amende sont la peine naturelle et nécessaire de la contravention, qui doit être regardée comme un quasi-délit ; que cette peine fondée en jurisprudence, est établie en maxime dans la *Touloubre*, titre de la banalité, article trente-un ;

Considérant que l'affiche est indispensable pour avertir le public et prévenir la fraude, le tribunal, tenant la première section, présens *Faudon*, président; *Gaubert*, *Richard*, *Plauche*, *Bassignot*, juges, faisant droit à la demande de la commission de l'hospice civil, du douze nivôse an cinq, maintient la banalité des moulins à farine, situés dans la commune de Digne, en faveur de l'hospice civil de la même commune, sauf rachat ; fait inhibitions et défenses à tous qu'il appartiendra d'introduire à Digne, ni dans son terroir, des farines étrangères, d'en consommer d'autres que de celles qui seront provenues desdits moulins banaux ; ordonne qu'en vertu du présent jugement, les farines étrangères en contravention seront saisies, et confisquées au profit de l'hospice.

Condamne les contrevenants à l'amende de vingt-cinq livres chacun, pour tenir lieu audit hospice de dommages-intérêts ; ordonne que le présent jugement sera imprimé et affiché dans tous les carrefours accoutumés de la commune ; compense les dépens.

Fait, jugé et prononcé à Digne, dans le prétoire du tribunal civil du département des Basses-Alpes, à l'audience publique du vingt-quatre floréal, an cinq.

Signés **FAUDON**, *président* ; **GAUBERT**, **RICHARD**, **PLAUCHE** et **BASSIGNOT**, *juges.*

Quels sont les motifs de ce jugement, sur lesquels on base la non féodalité des moulins de Digne ?

Nous allons les exposer, pour les combattre, car ces motifs ne prouvent absolument rien.

On pose en principe d'abord, qu'il n'y a pas de féodalité :

1° Ni sous l'aspect des parties ;

2° Ni sous celui de la chose.

L'hospice, dit-on, n'est qu'un corps civil, sans privilége féodal, et la commune n'a jamais été, vis-à-vis de lui, sous une dépendance seigneuriale. Or, la commune ayant vendu à l'hospice, ses moulins banaux, pour le payement de ses dettes, c'est la commune qui a établi cette banalité, pour donner à ses moulins une plus grande valeur.

Or, le jugement de l'an V, a la prétention de fixer l'époque à laquelle la banalité des moulins a été établie, et l'acte sur lequel, d'après les conclusions de l'hospice, il se fonde, est une délibération du conseil de ladite communauté du 5 février 1640, *qui établit la banalité des moulins sur la consommation des grains qui se ferait dans la commune.*

Voilà tout le système de l'hospice : l'art. 23 du 15 mars 1790, n'est pas applicable aux moulins de Digne :

1° Parce que ni l'hospice, ni la commune ne jouissaient de priviléges féodaux, et la vente de 1720 n'emporte aucun caractère de banalité féodale ;

2° Parce que c'est la commune, qui, pour payer ses dettes, a constitué la banalité, en 1640, par une délibération du conseil de ladite communauté du 5 février 1640, qui établit la banalité des moulins sur la consommation des grains qui se ferait dans la commune.

Toute la question est là ? Est-ce la commune qui a constitué la banalité de ses moulins pour en augmenter le prix, et payer ainsi plus facilement ses dettes ?

L'hospice se trouvait fort embarrassé pour produire un titre qui prouvât la véritable banalité conventionnelle, celle qui est établie par le consentement de tous les habitants, chefs de famille, *per omne caput hospitü*.

Mais comme la commune était tout aussi intéressée que l'hospice à conserver la banalité des moulins qui étaient communs entr'eux, le procès ne fut qu'un moyen de consolider cette banalité.

Puis qu'on basait l'établissement de la banalité légale des moulins sur cette délibération du 5 février 1640, on aurait dû la conserver précieusement, pour être en mesure de la produire en cas de procès fait par tout autre qu'un habitant de la commune.

Eh bien ! cette délibération n'existe pas ni dans les archives de l'hospice, ni dans les archives de la commune. L'hospice ni la mairie ne peuvent en produire ni la minute, ni une expédition en forme.

Nous avons mis en ordre tous les registres des délibérations de notre bonne ville de Digne, qui se trouvaient entassés pêle et mêle dans une mansarde, en proie à la guerre des rats, et sur lesquels, on ne craignait pas de placer pendant l'été les reverbères desquels dégoûttait une huile crasseuse sur ces infortunés registres.

Eh bien ! ces registres qui remontent à 1414, et dans lesquels il n'y avait que quelques lacunes, produites par les guerres de religion, et par les quatre invasions qu'avait subies la ville de Digne, et qui se trouvent consignées dans l'inventaire fait en 1710, par l'avocat Torniaire, ces registres parmi lesquels se trouvait, au dire de l'inventaire, un registre contenant les délibérations du 16 mars 1638 au 14 juin 1648, ces registres du XVIIᵉ siècle qui étaient complets en 1710, qui le seraient encore aujourd'hui, sont incomplets parce qu'on a fait disparaître ce registre accusateur.

Nous avons été assez heureux pour découvrir ce que contenait cette importante délibération du 5 février 1640. Elle est mentionnée dans le procès-verbal d'expertise ordonnée par un arrêt de la Cour des comptes, du 17 novembre 1639, et qui fut faite par les sieurs Michel Champorcin, avocat en la cour, Antoine Meynier, écuyer de la ville des Mées, et Pierre de Bologne, écuyer de la ville de Seyne, que nous n'avons pas pu reproduire en entier, parce qu'il aurait fallu tout un grand volume in-4°, mais

dont nous avons extrait les parties les plus intéressantes.

Or, voici ce que demandait aux experts, le
Sʳ Toron de Gaudin, syndic des créanciers, le
18 du mois de février 1640 :

« Et du lendemain dix-huistiesme dudict mois
» de febvrier par-devant nous dits experts est
» compareu ledit sieur Toron sindic; lequel nous
» a donne compte par lequel il nous remontre
» que le jour dier bon matin il nous fit requisi-
» tion que les Consuls dudict Digne heussent a
» remettre le desnombrement de leur domayne
» pour estre procede a l'extimation dicelui, du-
» quel denombrement ils bailherent coppie sur
» les cinq heures du soir et lui feurent signiffies
» a la chandele.

» Nous ordonnasmes de contredire ledit estat
» de desnombrement.

» A quoy il respondit que lesdits Consuls doi-
» vent remettre la procuration qu'ils ont du
» conseilh de la communaulte, de donner ledit
» desnombrement califfie comme il est, a quoy
» nont satisffait ny daigne satisffaire. »

Le même jour les Consuls s'empressèrent de
produire cette délibération.

« Et dudit jour, par-devant nous ditz ex-
» pertz sont comparus lesdits sieurs Consuls
» adcistes de plusieurs apparentz de la ville
» que satisffaisant a nostre susdicte ordonnance

» nous ont donne comparant portant remission :

» 1° De la deliberation du conseil de ladicte
» ville du 5 febvrier present mois, signe Feraud,
» contenant le pouvoir a eulx donne, soubz la
» coste A. »

Ainsi cette délibération du 5 février 1640,
n'était qu'une délibération du conseil général de
la communauté, qui les autorisait à donner le
dénombrement de leur domaine, pour être procédé à l'estimation d'icelui.

Nous ne sommes nullement surpris du moyen
employé par nos pères pour établir leur banalité
conventionnelle. C'était en l'an V et on ne re-
cula pas devant un acte de vandalisme en lacé-
rant ou en brûlant un registre qui contenait les
délibérations de dix années du conseil municipal de notre commune.

Il nous reste à répondre à ce principe posé et
admis dans le jugement de l'an V, que la vente
ayant eu lieu entre la commune et l'hospice,
qui, pas plus l'un que l'autre, ne jouissaient de
priviléges féodaux, il n'y a pas lieu d'appliquer
l'art. 23 du décret du 15 mars de 1790.

Nous ne contestons pas que ni la commune,
ni l'hospice, ne jouissent d'aucun privilége
féodal.

Mais là n'est pas la question. Toute la question, était dans l'origine de la banalité, dans sa

nature, et dans la manière dont elle avait été constituée.

Voilà ce que les Juges auraient dû rechercher, ce que le commissaire aurait dû examiner avec soin.

Une banalité ne peut pas s'établir par une simple délibération du conseil d'une communauté, alors même que ce serait un conseil général, tels qu'étaient les conseils généraux des XVIIe et XVIIIe siècles, qui n'étaient plus des Parlements publics, mais une réunion de 48 habitants dont 12 par chaque quartier.

La banalité s'est établie à Digne, malgré la dénégation d'un ancien administrateur de l'hospice qui aujourd'hui n'en fait plus partie, de l'autorité pure et simple de l'Évêque, qui était le Seigneur féodal de la ville de Digne et de plusieurs autres châteaux (*Castra*) du bailliage de Digne.

Les autres Seigneurs de Digne, les Hermitte et les Chaussegros, suivirent l'exemple de l'Évêque.

La commune elle-même rendit son moulin banal, non pas pour payer ses dettes, mais pour suivre l'exemple qui lui était donné.

Vers le milieu du XVIe siècle, lorsqu'elle acquit les trois moulins des Seigneurs: le 27 mai 1547, le moulin des Monges appartenant alors à l'Évêque Chérubin Dorsière; le 8 avril 1549, le moulin de la porte de Gaubert, appartenant aux

N. frères Hermitte ; enfin, en 1551, le 7 novembre, le moulin, situé au lieu dit le Portallet, dit le Rougaire, des N. hoirs Chaussegros, la ville jouit de cette banalité essentiellement féodale.

Lorsqu'en 1720, le 1ᵉʳ juin, par acte, notaire Bucelle, l'hospice Saint-Jacques acquit la moitié des moulins de la ville, elle acquit cette moitié entachée, comme l'autre moitié restante à la communauté, de cette banalité féodale.

Ce jugement de l'an V ne se borne pas à dire *que la banalité fut établie par une délibération du conseil,* mais il ajoute, *sur la consommation des grains qui se ferait dans la commune.*

Or, est-il raisonnable de dire que l'impôt de 1 fr. 20 c. par charge de blé, qui est le prix de la mouture, existant avant la constitution de la banalité, et le même qui se paye aujourd'hui, ait été le moyen adopté pour constituer la banalité ?

Une imposition pareille, faite en conseil municipal ne peut pas être la même chose que ce consentement de l'universalité des chefs de famille, qui est indispensable, pour constituer la banalité réellement conventionnelle.

La possession en commun des moulins de la ville de Digne, qui en 1720 furent réduits, aux trois moulins du Pré-de-la-Foire, des Monges et du Rougaire, se prolongea jusqu'en 1813, à cette époque, par une loi, du 20 mars 1813, promulguée le 30, la caisse d'amortissement s'empara de tous les biens ruraux, maisons et usines, possédés par les communes. On leur donna, il est vrai, à titre d'indemnité, une rente, en inscriptions au cinq pour cent, proportionnée au revenu net de ces biens.

La caisse d'amortissement les fit vendre le 26 mai 1815.

Nous reproduisons cet acte de vente :

L'an 1815 et le 26 mai, à onze heures du matin, nous Préfet, par intérim, du département des Basses-Alpes, accompagné du secrétaire général subrogé de la préfecture, nous sommes transporté en la salle ordinaire de nos séances publiques, à l'effet de procéder, en présence et sur la réquisition de M. le Directeur des Domaines, agissant pour le compte de la caisse d'amortissement, en conformité des lois relatives à la vente des domaines provenant des communes, et notamment de celles des 15, 16 floréal an x, 5 ventôse an xii et 20 mars 1813, portant nouveau mode de vente desdits domaines *à l'adjudication définitive* des objets ci-après désignés et mentionnés dans l'affiche apposée dans tous les lieux nécessaires ainsi qu'il est constaté par les certificats de MM. les Maires.

DÉSIGNATION, DESCRIPTION ET CONSISTANCE.

La moitié de deux moulins à farine avec leurs engins, situés à Digne, provenant de ladite commune, l'un au quartier des Gorges, dit le Plus-Haut

Moulin , confrontant du levant , la rue ; du midi le Cours des Arêts; du couchant le Pré de Foire ; et du nord , le chemin ; l'autre au quartier des Fontainiers , dit des Monges , confrontant du levant , le jardin des hospices , la cour d'approvisionnement. Lesdits deux moulins , affermés pour trois ans , suivant l'adjudication passée devant M. le Sous-préfet de Digne , le 24 avril 1813 , aux sieurs Alexis Garcin et Noël Lantelme , moyennant la rente annuelle de 4,200 francs , ce qui fait pour la moitié 2,100 francs au capital au denier 15 de 31,500 francs. L'autre moitié desdits moulins provenant de la commune de Digne , est vendue avec le droit de banalité y attaché , tel qu'il a été reconnu par jugement du tribunal civil de Digne , du 24 floréal an v.

La moitié d'une écurie dite la Rougaire et d'une chambre en dessus , situées à Digne , quartier des Lices , provenant de ladite commune , confrontant du levant et du nord , M. Foresta ; du midi , M. d'Auribeau ; et du couchant la rue ; lesdits objets affermés en totalité pour trois ans , suivant l'adjudication passée devant la mairie , le 27 décembre 1812 , à Joseph Silve , moyennant la rente annuelle de 41 fr. ce qui fait pour la moitié 20 fr. 50 c. au capital au denier 15 de 307 fr. 50 c. L'autre moitié desdits objets appartenant aux hospices civils de Digne , avec qui l'adjudicataire continuera de jouir par indivis.

La totalité d'un moulin à huile , composé d'un seul appartement où se trouve ledit moulin , ainsi qne des engins y attachés , à Digne , au quartier des Fontainiers , attenant au moulin dit des Monges , confrontant du levant , ledit Moulin des Monges ; du midi , le chemin des Fontainiers ; du couchant , le pré du sieur Roman, voiturier ; et du nord, la cour d'approvisionnement.

Il a été préalablement donné lecture tant de ladite affiche que du cahier des charges ci-après transcrit.

CHARGES, CLAUSES ET CONDITIONS GÉNÉRALES
DE L'ADJUDICATION DÉFINITIVE.

1. Les adjudications définitives des biens ruraux, maisons, bâtiments et usines faisant partie des domaines provenant des communes à vendre, en conformité des lois des 15, 16 floréal an x, 5 ventôse an xii, 20 mars 1813, et autres dont les dispositions sont maintenues par celles-là, seront faites par le Préfet du département ou les Sous-préfets des arrondissements communaux, aux plus offrants et derniers enchérisseurs, feux allumés, et jusqu'à ce qu'il y en ait un d'éteint sans enchères.

RENVOI.

Le Directeur ou le Receveur des domaines pourra requérir, et M. le Préfet ou le Sous-préfet pourront ordonner le renvoi, pour une fois seulement, de l'adjudication définitive à une prochaine séance qui sera fixée, lorsqu'ils jugeront que les enchères ne sont pas portées au taux suffisant, et à la charge que la dernière enchère subsistera et servira de mise à prix à la seconde mise en vente. Alors le dernier enchérisseur signera son enchère et sera proclamé adjudicataire, si, à la séance indiquée, un feu a été allumé et s'est éteint sans que pendant sa durée il ait été fait aucune enchère.

MISE A PRIX.

II. Les enchères seront ouvertes sur une première mise à prix de 20 fois le revenu pour les fonds ruraux; et de 15 fois pour les maisons et usines, ou sur telle autre qui aura été fixée par le Préfet, en conformité du décret du 7 juillet 1813.

Les offres ne seront pas reçues au dessous de 5 fr. lorsque la mise à prix sera de plus de 100 francs; de 25 francs, au dessous de 1,000 francs; et de cent francs, lorsqu'elle excèdera 10,000 francs.

JUSTIFICATION A FAIRE PAR LES ENCHÉRISSEURS, CAUTIONNEMENT A FOURNIR, ET INSCRIPTION AUX HYPOTHÈQUES.

III. Toute personne qui voudra enchérir sera tenue de justifier d'un domicile certain, par un certificat du Maire de la commune, et d'une contribution foncière ou mobilière au lieu de son domicile, ou, à défaut de cette double justification, de déposer entre les mains du préposé des domaines, le premier tiers de l'objet à vendre, d'après la première mise à prix.

De plus, le Préfet ou les Sous-préfets seront autorisés à exiger des adjudicataires, dont la solvabilité ne leur sera pas connue, bonne et suffisante caution pour sûreté du prix de la vente; la même obligation pourra être imposée aux commands ou amis. La caution affectera spécialement des immeubles d'une valeur suffisante exempts d'hypothèques, ou grevés seulement de dettes qui ne puissent atténuer la solvabilité, ainsi que le tout sera constaté par des certificats des conservateurs de la situation des biens fonds hypothéqués.

Il sera formé, sans frais, à la diligence du Receveur, des domaines, des inscriptions sur les biens ainsi hypothéqués par chaque caution. La main levée de ces inscriptions leur sera de même accordée aussitôt après le paiement du prix intégral de la vente.

Ne seront point admis à enchérir, ceux qui s'étant rendus adjudicataires de biens nationaux ou communaux, n'ont point acquitté les termes échus ou qui ayant subi l'évènement d'une folle-enchère, n'auront pas payé les sommes dont ils sont restés débiteurs, ni les particuliers manifestement en état d'ivresse.

FRANCHISE DES BIENS.

IV. Les biens seront vendus francs et quittes de toutes dettes, rentes et redevances, dons, douaires et hypothèques.

NULLE GARANTIE DES MESURES ET CONSISTANCES.

V. Ils seront adjugés, ainsi qu'ils s'étendent et comportent, sans garantie de mesure, consistance et valeur, et il ne pourra être exercé respectivement aucun recours en indemnité, réduction ou augmentation du prix de la vente, qu'elle ne puisse être la différence existante en plus ou en moins dans la mesure, consistance et valeur, même dans le cas où il y aurait erreur au préjudice de l'adjudicataire, tant dans la désignation des tenans et aboutissans, que dans la consistance énoncée. Les acquéreurs seront en conséquence censés avoir une parfaite connaissance des objets vendus, laquelle ils devront et pourront préalablement se procurer.

Cependant lorsqu'il y aura erreur en même temps

dans la désignation des tenans et aboutissans ét dans
la consistance annoncée, il y aura lieu de résilier la
vente ; mais si l'une des deux conditions se trouve
remplie, il ne pourra être reçu aucune demande en
résiliation ou indemnité. Lorsque la double erreur
existera au prejudice de l'acquéreur, il ne sera admis à demander la résiliation que dans les deux jours
de l'adjudication, passé lequel délai, ses réclamations ne seront plus reçues et la vente aura son effet.

SERVITUDES A SOUFFRIR.

Ils souffriront au surplus les servitudes auxquelles
ils pourraient être légalement assujettis, sans répé-
tition d'indemnité, ni dommages et intérêts.

JOUISSANCE DES ACQUÉREURS.

VI. Les adjudicataires jouiront des loyers et fermages des biens vendus de même que des faisances,
réserves ou souquets, proportionnellement et à compter du jour des adjudications. Le partage s'en fera
entre la caisse d'amortissement et l'acquéreur, en
formant une année, depuis la date correspondante à
l'entrée en jouissance du fermier ou locataire, jusqu'à pareille époque de l'année suivante, de manière que la date de la vente se trouvera diviser
l'année de jouissance à partager en deux portions,
dont la première appartiendra à la caisse et l'autre
à l'acquéreur, et ce, sans égard aux termes stipulés
pour le payement de loyers ou fermages. L'acquéreur ne pourra requérir aucune indemnité ni res-
titution de fruits, dans le cas où les fermiers ou locataires auraient payé d'avance un ou plusieurs termes à imputer sur les derniers mois du bail. S'il

s'agit de biens qui ne soient ni affermés ni loués, lorsque la récolte sera sur pied, au moment de la vente, elle appartiendra toute entière à l'acquéreur ; au cas contraire, elle appartiendra à la caisse d'amortissement.

CONTRIBUTIONS A PAYER.

VII. Les acquéreurs supporteront la contribution foncière en principal et accessoires, à compter du premier jour du mois pendant lequel la vente aura été faite jusqu'à la fin de l'année, quant aux biens loués ou affermés, lorsque le fermier ou locataire ne sera pas obligé d'acquitter la contribution en sus du prix du bail ; et, pour les biens qui ne sont ni loués ni affermés, la contribution foncière en principal et accessoires de l'année entière de la vente, seront à la charge de la caisse, si elle profite de la récolte, ou de l'acquéreur si c'est lui qui en profite.

L'expédition entière de l'acte d'adjudication ne sera délivrée qu'après qu'ils auront justifié par certificat, soit du maire de la commune, soit du percepteur des contributions de la commune ou de l'arrondissement, qu'ils ont fait la déclaration de la nature et de la contenance des immeubles à eux vendus, afin que lesdits immeubles se trouvent compris sous le nom des nouveaux propriétaires, dans les états de section et par suite au rôle de la contribution foncière, pour l'année courante ou pour l'année suivante.

RÉSILIATION OU MAINTENUE DES BAUX.

VIII. Ils auront contre les fermiers ou locataires l'action en résiliation ou en éviction qui résulte de

8

la loi du 15 frimaire an ii, ainsi que de celles y relatives qui ont précédé ou suivi, et ils demeureront subrogés aux droits et actions de la caisse d'amortissement.

PRIX INTÉGRAL A PAYER AVANT DE COUPER LES BOIS, DÉMOLIR, ETC.

IX. Les acquéreurs des maisons, usines et étangs, ne pourront faire aucunes pêches ou démolitions, avant d'avoir soldé le prix entier de la vente, et ce, à peine de l'exigibilité de ce qui restera dû, à moins qu'ils n'en aient obtenu l'autorisation du préfet; cette autorisation ne sera accordée qu'en donnant, par les acquéreurs, bonne et valable caution, à laquelle seront communes les conditions portées par l'article 3 ci-dessus.

MODE DE PAYEMENT.

X. Le prix de la vente sera acquitté en numéraire, ou en bons de la caisse d'amortissement, au choix des acquéreurs, entre les mains du Receveur du domaine national établi à Digne, savoir : un sixième comptant ou dans les vingt jours, avec intérêts à cinq pour cent, à partir du jour de l'adjudication. Un second sixième, dans les trois mois de l'adjudication; et les deux autres tiers d'année en année, à compter de l'échéance du premier terme, aussi avec intérêt au cinq pour cent par an, tant du second sixième que des deux autres tiers, à partir du jour de l'adjudication; de sorte que le second tiers ne sera payable que dans les 15 mois qui suivront l'adjudication; et le dernier tiers, dans les 27 mois. Les paiements seront poursuivis et recouvrés en vertu du procès-verbal d'adjudication ; il n'y aura plus ni obligations, ni cédules.

Il sera loisible aux acquéreurs d'anticiper leurs payements, au moyen de quoi les intérêts cesseront de courir. Ils seront libres également de faire leurs payements soit à la caisse générale à Paris, soit entre les mains du Receveur général du département. Dans ce cas, ils remettront dans le mois au Receveur des domaines, qui leur en donnera quittance, les mandats, rescriptions ou récépissés qui leur auront été délivrés. Ils seront tenus, en outre, de représenter la quittance du payement du premier sixième au Receveur des domaines, de la situation des biens, avant de pouvoir faire aucun acte de propriété.

FRAIS A PAYER PAR LES ACQUÉREURS, EN SUS DU PRIX.

XI. Indépendamment du prix de la vente, les adjudicataires seront tenus de payer, 1° le droit de timbre de la présente vente et des expéditions qui leur en seront délivrées ; 2° le droit d'enregistrement, à raison de deux pour cent sur ce même prix et le décime par franc, à peine du double droit ; tous autres frais de vente demeureront à la charge de la caisse d'amortissement.

PEINES ENCOURUES PAR LES ACQUÉREURS
EN RETARD DE SE LIBÉRER.

XII. Les acquéreurs en retard de payer aux termes ci-dessus fixés, demeureront déchus de plein droit et dépossédés si, dans la quinzaine de la contrainte à eux signifiée, ils ne se sont pas libérés ; ils ne seront point sujets à la folle-enchère ; mais

ils seront tenus de payer, par forme de dommages
et intérêts, une amende égale au dixième du prix
de l'adjudication, s'ils n'ont pas encore payé le premier sixième en totalité, et au vingtième, s'ils en
ont fait le payement ; les acquéreurs déchus seront
tenus en outre de payer, pour tenir lieu de la res-
titution des fruits, l'intérêt à cinq pour cent du prix
de la vente, depuis la date de l'adjudication jusqu'à la reprise de possession au nom de la caisse,
sans préjudice des dommages-intérêts pour dégra-
dations, démolitions, etc. Le montant des intérêts
sera réuni à celui de l'amende de déchéance et le
total du débet sera constaté par un décompte approuvé par l'administration de l'enregistrement et
des domaines, le recouvrement en sera poursuivi
en vertu d'une contrainte mise au pied du décompte
et rendue exécutoire par M. le Préfet ; de plus, en
cas de déchéance, la caisse d'amortissement ne sera
point tenue de maintenir les baux que les adjudicataires auraient consentis à un prix inférieur à
celui des baux précédents.

DÉCLARATIONS DE COMMANDS OU D'AMIS.

XIII. Tout adjudicataire pourra, dans les trois
jours de l'adjudication, faire sa déclaration d'un
ami ou de command, mais seulement au profit d'un
seul individu, pourvu qu'elle ait été par lui réser-
vée dans l'adjudication, et qu'elle soit acceptée par
celui qui sera nommé command ou ami, lequel
sera tenu de faire les justifications et de remplir les
conditions rappelées aux articles 3 et 7 ci-devant.

Les déclarations qui ne seront point faites, enre-
gistrées ou notifiées au préposé des domaines, dans

les trois jours de l'adjudication , seront considérées comme reventes ou cessions, et donneront lieu aux droits ordinaires d'enregistrement.

ÉLECTION DE DOMICILE.

XIV. Les adjudicataires et les commands déclarés seront tenus d'élire domicile dans l'arrondissement du bureau des Domaines de la situation des biens , auquel domicile les significations de contrainte , commandement et autres actes extrajudiciaires pourront être valablement faits, comme s'ils l'étaient à leur domicile réel. Cette élection de domicile sera faite dans les actes d'adjudication et dans ceux d'acceptation des déclarations d'ami ou de command.

EXÉCUTION DES CLAUSES ET CONDITIONS.

XV. Aucune des clauses ci-dessus et de celles ci-après ne sera réputée comminatoire ; toutes seront de rigueur, et suivies dans leur intégrité par les adjudicataires, leurs commands ou amis et par leurs cautions; ils seront tous soumis à l'exécution des autres dispositions prévues par les lois relatives à la vente des domaines nationaux de toute origine.

Lorsqu'une propriété aura été adjugée à plusieurs particuliers qui l'auront divisée entr'eux, les diverses parties des biens adjugés demeureront hypothéquées à la totalité du payement, et les acquéreurs seront tous également soumis à l'amende portée par l'article 12 ci-dessus, à défaut de payement d'aucune des parties du prix de l'adjudication.

CHARGES, CLAUSES ET CONDITIONS PARTICULIÈRES.

La présente vente de tous les objets ci-devant

mentionnés, est et sera sonsentie à MM. les Administrateurs des hospices réunis de la ville de Digne, sans qu'il soit procédé à aucunes enchères, ainsi qu'il est prescrit par l'ordonnance du 2 décembre 1814, moyennant le prix et somme de 25,000 francs.

Le droit d'enregistrement de la présente vente demeure fixé à un franc en principal, conformément à l'article 3 de ladite ordonnance.

Nous avons adjugé définitivement à MM. les Administrateurs des hospices réunis de la ville de Digne, derniers enchérisseurs, les usines et immeubles désignés en l'affiche et au présent procès-verbal, pour le prix et somme de 25,000 francs, et en outre aux charges, clauses et conditions ci-devant rappelées et autres prescrites par les lois que lesdits Administrateurs ont déclaré bien connaître, se réservant la faculté de passer déclaration d'ami ou de command dans le délai fixé, et faisant au surplus, conformément à l'article 14 du cahier des charges, élection de domicile à Digne.

Fait à Digne, en la salle de nos séances publiques, lesdits jour, mois et an que dessus, et ont lesdits Administrateurs signé avec nous, et le Directeur des Domaines.

Signés : RENOUX, BEAU, PAUL aîné, GUIEU, SOSSY, le Directeur des Domaines A. VILLECROSE, le Préfet par intérim ESTORNEL, le Secrétaire général de la Préfecture subrogé, FRANCOUL.

Enregistré à Digne, le 27 mai 1815, f° 3, case 9. Reçu un franc un décime.

Signé : ROUX.

L'hospice St.-Jacques, de Digne, est resté
seul en possession des deux moulins du Pré-de-
la-Foire et des Monges, qui subsistaient encore
à l'époque de la vente par la caisse de l'amortissement, et commit la grande faute d'en suppri-
mer un, car cette suppression, avec la banalité
qui fut conservée pendant la Restauration et le
Gouvernement de juillet, en abandonnant à un
seul meunier privilégié, la mouture des blés et
des grains, a seule causé cette irritation popu-
laire qui a fini par se manifester.

Pendant toute l'année 1847, la population de
Digne a fait entendre des plaintes amères sur la
mauvaise mouture qui se faisait dans le seul
moulin banal qui restait, et sur la trop grande
quantité de son qui était produite par le frotte-
ment des meules ; abus dont on se plaignait
depuis plus de dix ans.

Enfin, au moment de l'approche de la récolte,
vers la fin du mois de mai, une pétition circula
dans la ville, qui fut couverte de 443 signatures,
dans laquelle étaient exposées avec une vérité
frappante, les tribulations de la classe pauvre,
de la classe ouvrière et de la classe agricole, qui
étaient obligées d'aller moudre dans un moulin,
où non seulement on payait un droit de 1 fr.
20 cent. par charge de blé, mais où on faisait
des pertes considérables par suite de la diminution de la farine et de l'augmentation du son.

Cette pétition fut adressée à M. le Maire qui , le 4 juin , la communiqua au Conseil municipal.

Voici la délibération qui fut prise à ce sujet :

Délibération du 4 juin 1847.

M. le Maire a donné connaissance au Conseil d'une pétition signée par 443 habitants de la ville , qui demandent la suppression de la banalité du moulin de l'hospice de Digne.

Le Conseil , après avoir pris lecture de cette demande et entendu le Maire dans ses observations ,

Considérant que la question dont il s'agit est de la plus haute importance et mérite d'être examinée avec la plus grande attention , nomme une commission de quatre membres pris dans son sein pour vérifier les titres de l'hospice et prendre tous les renseignements désirables, à l'effet de faire sur le tout rapport au Conseil à une de ses prochaines réunions.

Ont été désignés pour faire partie de cette commission : MM. Guichard, Fortoul, Reynaud et Pons.

Signés : JULIEN , *Maire* , JTARD , PLAUCHU , *Adjoints* , COTTE , DOU, FAUCOU , AU-TARD, FORTOUL , TAXIL , REYNAUD, HUGUES, FRUCHIER , PONS , GRASSY, PETIT , DUCHAFFAUT.

Voici la pétition lue au Conseil municipal :

A M. le Maire et à MM. les membres du Conseil municipal de la ville de Digne

Les soussignés , habitants de Digne, ont l'honneur d'exposer que l'hospice civil de cette ville , propriétaire actuel du seul moulin à farine existant dans cette commune, prétend que ledit moulin est banal. Cette prétention, à laquelle on ne saurait accorder aucune valeur et dont il serait d'ailleurs facile de démontrer le peu de fondement, est une source continuelle de vexations et d'inconvénients pour les personnes qui vont faire moudre leurs grains au moulin dont s'agit.

En effet, l'hospice confie à un meunier l'exploitation de son usine, et celui-ci, ne craignant aucune concurrence, sacrifie à son intérêt les droits et les besoins des habitants. Son seul désir est d'obtenir les plus grands bénéfices, avec le moins de dépenses possibles ; aussi les produits du moulin sont-ils d'une qualité fort mauvaise. Les pierres n'étant pas tenues dans un bon état d'entretien, la quantité de son excède de beaucoup celle que produit une bonne usine ; faute d'un personnel assez nombreux, on est obligé d'attendre fort longtemps son tour de mouture, et quoique, d'après l'usage, le meunier soit tenu d'aller chercher le blé chez l'habitant et d'y rapporter la farine sans pouvoir, à raison de ce, exiger aucun émolument, il est de notoriété publique que le meunier se refuse, sous divers prétextes, à l'exécution de cet usage, à moins qu'on ne lui donne dix centimes pour trois doubles décalitres de blé en sus du prix fixé pour la mouture.

L'administration de l'hospice, par suite de sa prétention ci-dessus, croit pouvoir fixer à elle seule les conditions de la mouture ; elle usurpe ainsi le droit de faire la loi aux habitants, et lorsqu'il est de principe que les conditions d'un louage d'industrie doivent être librement débattues entre les parties, il faut subir la volonté de l'hospice. C'est ainsi que dans le cahier des charges contenant les conditions. les conditions du bail à ferme du moulin on a fixé à un certain taux le déchet sur le poids du blé converti en farine. On pèse le blé à l'entrée, la farine à la sortie, et si le poids de celle-ci excède celui du blé, déduction faite du taux fixé pour le déchet, on enlève au particulier cet excédant, qui est mis en réserve et sert à compléter le poids en faveur d'une autre personne dont le blé n'aura pas produit le poids voulu en farine ; outre que le déchet a été fixé d'une manière arbitraire et de beaucoup au-dessus de celui qui devrait se produire dans une usine bien organisée, il est évident que cette manière de procéder constitue un véritable impôt prélevé sur les bons grains au profit de ceux de qualité inférieure. Tout le monde sait en effet qu'il est des blés qui ne donnent pas des déchets, tandis que sur d'autres on trouve une perte plus ou moins considérable.

En admettant que le moulin de l'hospice fut banal, sa manière de procéder ne saurait être justifiée. En effet, la banalité ne pourrait être maintenue aujourd'hui qu'autant qu'elle serait le résultat d'une convention intervenue entre tous les habitants et un particulier non Seigneur. Cette convention, si elle existe, lie à la fois et l'hospice et les habitants de Digne, et il ne peut être permis au premier d'ajouter aucune nouvelle obligation à celle que les derniers se seraient primitivement imposée. Si l'hospice est fondé dans ses prétentions, qu'il montre le titre constitutif de la banalité, afin que l'on puisse s'assurer s'il renferme en effet toutes les conditions iniques et vexatoires que l'on veut aujourd'hui imposer aux habitants.

L'état actuel des choses est intolérable : on veut soumettre les habitants de Digne à une servitude d'autant plus lourde qu'elle se rapporte à un objet de première nécessité et qu'elle se fait sentir à chaque instant. C'est pourquoi ils recourent à vous, Messieurs, avec toute confiance, pour vous prier d'aviser aux moyens de les affranchir des entraves que l'on veut leur imposer. Permettez-leur, Messieurs de vous soumettre celui qui leur paraît le plus convenable, puisqu'en atteignant le but désiré, il ménagerait en même temps les intérêts de l'hospice.

Ce dernier est certes bien loin d'avoir la conviction entière du bien fondé de ses prétentions : on en a la preuve dans la conduite qu'il a tenue jusqu'à ce jour, puisqu'il n'a jamais pu montrer le titre qui établirait son droit. Il paraît donc qu'en l'état on pourrait lui demander de reconnaître que la banalité dont on veut se prévaloir n'existe pas, sauf à la commune, toujours obligée de venir au secours des hospices lorsque ces derniers ne peuvent suffire à leurs dépenses, à payer une somme dont l'hospice pourrait disposer à son gré.

Pleins de confiance à vos lumières, les soussignés protestent de rechef contre les prétentions de l'hospice, qu'ils se réservent au besoin de combattre par tous les moyens de droit.

Ils ont l'honneur d'être,

Messieurs ,

Vos dévoués Concitoyens ,

(Suivent 443 signatures.)

La Commission se livra à d'actives recherches pour s'assurer de la réalité des plaintes de la population , et acquit la triste conviction que le meunier de l'hospice faisait une mouture, par laquelle chaque charge de blé éprouvait un déchet du 5 au 10 pour cent.

C'est un fait, que l'hospice attaqué pourra prouver, et qui l'autorisera à former contre son meunier une demande reconventionnelle, que des juges impartiaux admettront plutôt que la demande formée contre lui.

La Commission fut d'avis qu'en l'état de la banalité, sanctionnée par la force de la chose jugée, ensuite du jugement du 24 floréal an V, on ne pouvait sortir de cet état de choses, qu'en amenant une transaction entre l'hospice et la Commune, qui au reste, ne font qu'un, car si l'hospice pouvait voir diminuer ses revenus, la Commune serait toujours disposée à venir à son secours.

Le onze février 1848, le Conseil municipal fut convoqué pour entendre le rapport de la Commission.

Nous reproduisons la délibération qui eut lieu ce jour-là.

Délibération du 11 février 1848.

M. le Maire rappelle au Conseil, qu'en vertu de sa délibération du 4 juin 1847, quatre membres avaient été désignés pour former une commission à l'effet de prendre connaissance d'une pétition signée par 443 habitants, tendante à la suppression de la banalité du moulin de l'hospice de la ville, d'examiner les titres de l'hospice au maintien de cette banalité, et de faire ensuite son rapport au Conseil.

M. Guichard, l'un des membres de la commission, a fait connaître, au nom de ladite commission, dont il était rapporteur, le résultat des investigations auxquelles ladite commission s'est livrée, et le parti auquel elle a cru devoir l'arrêter.

« Il expose au Conseil que, dans le XVe siècle, il existait à Digne, quatre moulins, dont un appartenait à la ville, un à l'Évêque, et deux autres à deux nobles, tous ayant un droit de directe, et qui, de leur autorité privée, avaient établi la banalité de leur moulin, pour éviter la concurrence des moulins des Seigneurs de Courbons et des Sièyes, moulins que la ville acquit dans le courant du XVIe siècle, avec la banalité existante, et que forcée, en 1640, de faire face aux nombreuses dettes par elle contractées, elle voulut les revendre avec la banalité féodale dont ils étaient entàchés.

» Mais, à cette époque, aucun enchérisseur ne se présenta, et la ville de Digne fut obligée de garder ses moulins et de supporter ses dettes jusques en 1720 où, après de nouvelles enchères, elle vendit enfin la moitié de ses moulins à l'hôpital St.-Jacques, de Digne, par acte du 1er juin 1720, notaire Bucelle, moyennant le prix de 77,000 livres.

» En 1812, la caisse d'amortissement s'empara de tous les biens des communes, et fit vendre, aux enchères publiques, le 26 mai 1815, la moitié des moulins que ladite caisse avait enlevée à la ville, qui fut adjugé audit hôpital St.-Jacques, moyennant la somme de 25,000 francs, et l'hôpital devint ainsi propriétaire unique desdits moulins.

» En l'an V, il intervint un jugement du tribunal civil de la ville de Digne, qui déclara contre la Commune, qui en demandait la suppression, que la banalité des moulins n'était pas entâchée de féodalité.

» En l'état de ce jugement qui donne à la banalité la force de la chose jugée, M. Guichard, rapporteur de ladite commission, et pour elle, en vertu du pouvoir qu'il en a reçu, conclut à ce qu'il soit proposé à MM. les administrateurs de l'hospice, de consentir à la suppression de la banalité du moulin de Digne, moyennant une indemnité proportionnée au dommage que cette suppression pourrait lui coûter. »

Le Conseil, à l'unanimité, sans rien préjuger sur la question de la banalité, et désirant, avant de rien décider, de connaître le montant de l'indemnité qui serait fixée entre les experts de la commune et les experts de l'hospice;

Nomme, pour experts de la ville, MM. Fortoul et Guichard, qui, après leurs opérations, feront leur rapport au Conseil.

Ont *signé*: MM. JULIEN, *Maire*, PLAUCHU, *Adjoint*, GRASSY, DOU, GUICHARD, HUGUES, AUTARD, FRUCHIER, Am. AILLAUD, DUCHAFFAUT, TAXIL, FAUCOU, TERRASSON, ALLIBERT, *propr.*, COTTE, PONS, *Cons. mun.*

Le 8 mars 1848, la commission administrative de l'hospice de Digne désigna MM. de Thorame et de Marcorelle pour se mettre en rapport avec MM. Fortoul et Guichard, délégués du conseil municipal.

Les délégués de l'hospice et de la commune se réunirent bientôt après chez l'un d'eux, M. de Thorame.

Une assez longue discussion s'établit entre les délégués.

Les délégués de l'hospice soutenaient que la commune avait établi, en 1640, la banalité des moulins, pour faciliter le payement de ses dettes.

Les délégués de la commune objectaient à MM. les délégués de l'hospice qu'ils étaient dans l'impossibilité de prouver cet établissement par un acte de consentement de la généralité des habitants.

Les délégués de l'hospice opposèrent alors le jugement du 24 floréal an v.

Les délégués de la commune convinrent qu'il avait force de chose jugée vis-à-vis de la commune et de ses habitants; mais que si un étranger venait établir un moulin sur le territoire de Digne, la question pourrait être portée devant les tribunaux, et que l'hospice aurait aujourd'hui de la peine à prouver la banalité conventionnelle et à titre onéreux de ses moulins.

La discussion finie, et tous les délégués étant
d'accord sur la nécessité d'une transaction, ceux
de la commune demandèrent à ceux de l'hospice à quel chiffre l'administration fixait l'indemnité que la ville pourrait leur accorder en
cas de suppression de la banalité ; ceux-ci ré-
pondirent qu'elle l'avait fixée à la somme de
50,000 fr.

La commission, bien pénétrée de l'intérêt
de la ville, ne proposa tout d'abord qu'une
somme de 20,000 fr.

Quelques pourparlers eurent encore lieu entre
les délégués ; mais ceux de la commune, tout
en faisant entrevoir à ceux de l'hospice que la
somme pourrait être portée à 25,000 fr., n'en
prenaient pas la responsabilité sur eux, et ne
pouvaient rien promettre sans l'assentiment du
conseil municipal.

Nous reproduisons les deux délibérations de
l'hospice et de la commune.

*Délibération de la Commission administrative de l'Hospice,
du 26 mars 1848.*

L'an 1848 et le 26 mars, la Commission administrative de l'hospice de Digne, réunie dans la salle
ordinaire des délibérations, présents MM. La Lande,
Gaudemar, Jassaud-de-Thorame, de Marcorelle ;

Le vice-président rappelle que par une décision
antérieure du 8 mars dernier, MM. de Thorame et
de Marcorelle avaient été chargés de se mettre en

communication avec MM. Fortoul et Guichard, délégués comme experts par le Conseil municipal de la ville de Digne, à l'effet de s'entendre sur le montant de l'indemnité que la ville est décidée à payer à l'hospice pour le rachat et la suppression du droit de banalité que l'hospice possède dans l'enceinte de la ville.

M. le président invite MM. de Thorame et de Marcorelle à donner connaissance du résultat des conférences qui ont eu lieu entr'eux et les délégués du Conseil municipal.

Les Commissaires de l'hospice exposent qu'ils se sont mis en rapport avec les délégués du Conseil municipal; qu'ils ont été d'accord qu'il y avait convenance et opportunité d'obtenir la suppression du droit de banalité, mais que cette suppression ne pouvait être faite sans une indemnité proportionnée à la perte qu'elle doit occasionner à l'hospice; que, quant à la fixation du chiffre de l'indemnité, les délégués de la ville, et les commissaires de l'hospice, après de très longs débats, ont estimé que l'hospice doit borner ses prétentions à la somme de 30,000 fr.

La commission,

Vu la délibération du Conseil municipal de la ville de Digne, du 11 février dernier, approuvée par l'autorité supérieure du 4 mars 1848,

Vu le rapport qui précède;

Considérant que le droit de banalité attaché aux moulins appartenant à l'hospice de Digne, est de la catégorie de ceux qui ont suivi la révolution de 1789; que ce droit est rachetable au moyen d'une indemnité;

Considérant que la perte que doit éprouver l'hos-

pice par suite de la suppression de la banalité est
considérable, que néanmoins les conditions avanta-
geuses dans lesquelles est placé le moulin de l'hospice sera de nature à amoindrir les effets de la concurrence;

Considérant que la somme de 30,000 francs peut
représenter la portion de valeur que le moulin de
l'hospice perdra par suite de la suppression de la
banalité;

Par ces motifs, la Commission délibère à l'unanimité qu'il y a lieu de consentir, au profit des
habitants de la ville de Digne, la suppression du
droit de la banalité attaché au moulin appartenant
à l'hospice, moyennant une somme de 30,000 fr.
qui sera payée par la ville de Digne à l'hospice.

Cette délibération, avant de recevoir son exécution, devra être soumise à l'approbation de l'autorité supérieure, et renvoyée à cet effet à M. le Maire
de la ville de Digne, pour être communiquée préalablement au Conseil municipal.

Signés au registre : LA LANDE, GAUDEMAR,
    JASSAUD-DE-THORAME et DE MAR-
    CORELLE.

Pour expédition conforme :

Le Vice-président de la Commission,

DE MARCORELLE.

Délibération du Conseil municipal, du 1er avril 1848.

Le Maire rappelle que, par délibération du 11 février 1848, une Commission a été choisie parmi les

membres du Conseil municipal, à l'effet de s'entendre avec les Administrateurs de l'hôpital Saint-Jacques, sur le chiffre de l'indemnité que la commune devrait accorder à cet établissement, afin d'obtenir la suppression de la banalité du moulin de Digne.

M. Fortoul, nommé membre de cette Commission, de concert avec M. Guichard, est appelé à rendre compte au Conseil du résultat de ses démarches.

Le rapporteur expose que la moitié des moulins a été vendue par la ville de Digne, à l'hôpital, le 1er juin 1720, moyennant la somme de 77,000 livres, et avec la clause de banalité dont cette usine était entâchée, et qu'en 1812 la caisse d'amortissement s'étant emparée de tous les biens des communes, fit vendre aux enchères l'autre moitié du moulin, qui fut acquise par l'hospice au prix de 25,000 fr.

Il ajoute que la banalité paraît remonter à une époque très-reculée, mais qu'elle a été maintenue par un jugement du tribunal civil de l'an V, qui a acquis force de chose jugée.

Dans l'état de la législation actuelle, la Commission ne pense pas que la banalité pût être conservée, si l'affaire était portée devant la Cour de cassation ; mais pour éviter les frais d'un procès dont les suites sont toujours incertaines, elle est d'avis qu'il est prudent d'entrer en accommodement avec l'administration de l'hospice.

Cette administration, consultée par les commissaires experts, sur le chiffre que la ville pourrait leur accorder, en cas de suppression de la banalité, avait d'abord demandé 50,000 fr.

La Commission, dans l'intérêt de la ville, n'a pas

cru lui proposer plus de 20,000 fr., laissant entrevoir néanmoins qu'on pourrait aller jusqu'à 25,000 fr., mais qu'on n'osait en faire la proposition formelle.

Le citoyen Jtard, remplissant les fonctions de Maire, donne ensuite communication au Conseil municipal, d'une délibération prise le 26 mars dernier par la Commission administrative de l'hôpital de la ville de Digne, qui fixe à 30,000 fr. le chiffre de l'indemnité à laquelle elle a droit pour la dégrever de la perte qu'elle éprouvera par suite de la suppression du droit de banalité.

Le Conseil, considérant que le droit de banalité que l'on voudrait faire peser sur les habitants de la ville, est incompatible avec les mœurs actuelles; que d'un autre côté, en l'état de la prétention de l'hospice, qui soutient que la banalité dont s'agit n'a point été atteinte par les lois qui ont aboli ce droit, et de la croyance dans laquelle est le Conseil municipal que la prétention de l'hospice est dénuée de tout fondement; il paraît convenable pour éviter des contestations et des procès, d'offrir à l'hospice une somme à titre de transaction pour qu'il abandonne ses prétentions, et décide qu'une somme lui sera accordée, et que la ville lui en payera les intérêts jusqu'au moment où ses ressources financières lui permettront de se libérer.

Le citoyen Jtard, remplissant les fonctions de Maire, met aux voix la somme de 30,000 fr., demandée par l'administration de l'hospice.

Cette proposition est rejetée à la majorité, ainsi que celle de 25,000 fr.

Le chiffre de 20,000 fr. est adopté en définitive par la majorité du Conseil, comme offrant une compensation suffisante à l'hospice de Digne, pour la perte qu'il éprouvera par suite de la suppression du droit de banalité attaché à ses moulins.

Signés : JTARD, *Adjoint*, *f. f. de Maire*, PLAU-
CHU, *Adjoint*, DUCHAFFAUT, PONS,
TAXIL, PETIT, FAUCOU, DOU, AU-
TARD, FORTOUL, GUICHARD, ALLI-
BERT, GRASSY, REYNAUD.

Le Maire de la commune de Digne adressa une copie de cette délibération à MM. les Administrateurs de l'hospice, en leur faisant entendre qu'il y avait de l'agitation dans la population pauvre.

La commission administrative de l'hospice se réunit, le 5 avril 1848, et considérant que, d'après la lettre de M. le Maire, les circonstances étaient graves, que tout délai apporté à la conclusion d'une affaire qui préoccupait depuis longtemps l'attention du public pourrait avoir des conséquences fâcheuses; que les intérêts de l'hospice, qui n'ont jamais été séparés de ceux de la ville, ne pouvaient, à plus forte raison, l'être en ce jour; attendu l'urgence, délibère, à l'unanimité, qu'il y avait lieu d'accepter purement et simplement l'offre de 20,000 fr. faite par le conseil municipal de la ville, pour le rachat de la banalité, et de consentir à la suppression immédiate de l'exercice de ce droit, sauf l'approbation par l'autorité compétente.

Nous reproduisons cette délibération.

Délibération de la Commission administrative de l'hospice,
du 5 avril 1848.

La Commission administrative de l'hospice de
Digne ;

Vu la délibération du 26 mars dernier, prise
ensuite des conférences qui ont eu lieu entre la
Commission dudit hospice et les Commissaires délégués par le Conseil municipal de la même ville, au
sujet du rachat de la banalité des moulins appartenant à l'hospice ;

Vu l'offre de concession de ce droit faite officieu-
sement au nom de l'hospice, sauf approbation de
l'autorité compétente, moyennant une indemnité
fixe de 30,000 fr. ;

Vu la délibération du Conseil municipal du
1er avril suivant, en réponse aux propositions de la
Commission administrative, portant que le Conseil,
à la majorité, a cru devoir réduire à la somme de
20,000 fr. l'indemnité totale à accorder à l'hospice,
pour le prix de rachat du droit de banalité attaché
aux moulins de Digne;

Vu la lettre du Maire de cette ville, en date de
ce jour, qui accompagne cette dernière délibération,
de laquelle il résulte qu'il y a urgence, dans l'intérêt du maintien de la tranquillité publique, de faire
cesser immédiatement l'exercice du droit de banalité;

Considérant que les circonstances sont graves, et
que tout délai apporté à la conclusion d'une affaire
qui préoccupe depuis longtemps l'attention du public, pourrait avoir des conséquences fâcheuses;
que les intérêts de l'hospice, qui n'ont jamais été

séparés de ceux de la ville, ne peuvent, à plus forte raison, l'être aujourd'hui;

Attendu l'urgence, délibère à l'unanimité, qu'il y a lieu d'accepter purement et simplement l'offre de 20,000 fr. faite par le Conseil municipal de la ville de Digne, pour le rachat de la banalité attachée aux moulins appartenant à l'hospice, et de consentir à la suppression immédiate de l'exercice de ce droit, sauf l'approbation par l'autorité compétente.

Fait à Digne, à l'hospice, et en séance extraordinaire, le cinq avril mil huit cent quarante-huit, présents: MM. Jtard, *Adjoint, f. f. de Maire, Président,* Cotte, de Marcorelle, Jassaud-de-Thorame, Gaudemar et La Lande, qui ont signé.

Signés: JTARD, *Adjoint, Président,* LA LANDE, JASSAUD-DE-THORAME, COTTE, DE MARCORELLE, GAUDEMAR.

Nous sommes arrivés à la fin de notre œuvre.

La commission administrative de l'hospice a consenti à la suppression de la banalité. L'autorité compétente l'autorisera-t-elle?

Là est toute la question.

FIN.

Digne, Mme Ve A. GUICHARD, Imprimeur.

www.ingramcontent.com/pod-product-compliance
Lightning Source LLC
Chambersburg PA
CBHW071804090426
42737CB00012B/1945

* 9 7 8 2 0 1 9 5 9 4 8 2 4 *